GRAU DO MESTRE MAÇOM E SEUS MISTÉRIOS
3º Grau

Jorge Adoum
(Mago Jefa)

*GRAU DO MESTRE MAÇOM
E SEUS MISTÉRIOS*
3º GRAU

BIBLIOTECA MAÇÔNICA PENSAMENTO

Editora
Pensamento
SÃO PAULO

Copyright © 1972 Editora Pensamento-Cultrix Ltda.

Publicado anteriormente na coleção "Esta é a Maçonaria".

1ª edição 2011 - Coleção Biblioteca Maçônica Pensamento.

4ª reimpressão 2021.

Todos os direitos reservados. Nenhuma parte deste livro pode ser reproduzida ou usada de qualquer forma ou por qualquer meio, eletrônico ou mecânico, inclusive fotocópias, gravações ou sistema de armazenamento em banco de dados, sem permissão por escrito, exceto nos casos de trechos curtos citados em resenhas críticas ou artigos de revistas.

Capa: Rosana Martinelli

Projeto gráfico e diagramação: Verba Editorial

Revisão de texto: Adriana Moretto de Oliveira e Rodrigo Puelles

CIP-BRASIL. CATALOGAÇÃO NA PUBLICAÇÃO
SINDICATO NACIONAL DOS EDITORES DE LIVROS, RJ

A186g

Adoum, Jorge, 1897-1958.
    Grau do mestre maçom e seus mistérios, 3º grau / Jorge Adoum (Mago Jefa). — 1ª reimpr. — São Paulo : Pensamento, 2013. — (Biblioteca Maçônica Pensamento)

    Inclui bibliografia
    ISBN 978-85-315-0280-4

    1. Maçonaria - História. 2. Maçonaria - Rituais. I. Título. II. Série.

13-02649   CDD: 366.1
                                                  CDU: 061.236.6

Direitos de tradução para a língua portuguesa
adquiridos com exclusividade pela
EDITORA PENSAMENTO-CULTRIX LTDA.
Rua Dr. Mário Vicente, 368 - 04270-000 - São Paulo, SP
Fone: (11) 2066-9000
E-mail: atendimento@editorapensamento.com.br
http://www.editorapensamento.com.br
que se reserva a propriedade literária da tradução
Foi feito o depósito legal

Sumário

Introdução.. 9

1. Lenda do grau de mestre........................... 11
2. A exaltação ao magistério......................... 30
3. Os elementais.. 37
4. Filosofia iniciática do mestre..................... 51
5. O octonário e a unidade............................ 75
6. O novenário e a unidade........................... 95
7. A magia do verbo e o poder das letras..... 102
8. O que deve praticar o mestre.................... 127
9. A linguagem maçônica............................. 147
10. Realização.. 150

Bibliografia... 157

GRAU DO MESTRE MAÇOM E SEUS MISTÉRIOS
3º GRAU

Introdução

1. O 3º grau é o símbolo natural da perfeição humana, que se consegue por meio do desenvolvimento pessoal e pelo triunfo sobre todas as debilidades humanas.

Mestre — do Latim *Magister* — significa que é *mais*: mais sábio, mais elevado e bom. Não se trata, como crê a maioria, de um grau ou um título concedido.

Ser mestre é ser super-homem, intelectual e espiritualmente. Ser mestre é possuir a qualidade de conquistar pelo próprio esforço a suprema autoridade, que varreu a ignorância, o egoísmo e o medo, os quais mantêm o homem num estado de inferioridade e escravidão.

O 3º grau — o de mestre maçom — é o grau da exaltação pelo merecimento, porém, sem este merecimento e esforço ninguém pode ser mestre, ainda que o exaltem dez vezes ao dia, ou lhe outorguem cem diplomas.

O programa da realização está encerrado em quatro verbos, que são: saber, ousar, querer e calar. O que sabe, quer; o que sabe querer, pode ousar, e o que sabe querer e ousar sabe calar, porque, o que fala não sabe nada, disse Lao-Tsé.

Já temos dito, antes, que a Maçonaria é um fato da natureza, e sendo um fato da natureza, seus fenômenos, ensinamentos e práticas têm que repetir-se *em* e *dentro* do corpo humano, Templo vivo de Deus.

Aqueles que em nossas obras desejam estudar e aprender a Maçonaria devem, antes de tudo, tratar de sentir que tudo o que se ensina tem por objetivo devolver o homem a seu mundo interior para contemplar e estudar dentro de si todos os mistérios da Natureza e de Deus.

O grau de mestre tem um duplo sentido: individual e coletivo — inseparáveis — como aspectos interior e exterior de uma mesma coisa, isto é, o que se faz interiormente torna-se potente exteriormente. É preciso ter ouro para fabricar ouro. Para multiplicar os talentos, é necessário possuir talentos.

O profano tem que dar o dízimo, segundo a lei; porém, o mestre tem que dar tudo. O serviço do mestre se distingue por seu amor. Seu salário, interior e exterior, é fruto deste amor; de maneira que amor e salário são uma natureza no mestre e não um diploma de grau, que lhe outorgam as Lojas e autoridades.

Agora, depois desta introdução, já podemos entrar profundamente em nosso mundo interior para descobrir, ler e aprender os mistérios do grau de mestre. Mas para chegar com maior facilidade ao nosso objetivo, é necessário relatar ao companheiro e ao leitor interessado em nosso trabalho a lenda do 3º grau, que é o grau de mestre maçom.

1. Lenda do grau de mestre

2. A lenda deste grau é uma adaptação de um relato simbólico; seu disfarce oculta a grande verdade da iniciação interna.

A lenda é uma verdade disfarçada, porque a verdade *nua* fere os olhos débeis, e estes tratam de destruí-la, como tem sucedido a todas as verdades religiosas que foram desvendadas ao público.

A *verdade nua* envenenou Sócrates, crucificou o Nazareno, queimou Savanarola e assassinou Gandhi.

A lenda do 3º grau é uma verdade oculta. Os homens de boa vontade podem descobrir e descerrar seu véu, chegando à sua compreensão por meio do estudo, da aspiração, respiração e meditação, como temos explicado nos graus anteriores. Sem estes requisitos, ninguém pode chegar a levantar o véu de Ísis.

A lenda, com sua cerimônia enigmática, estimula primeiro a imaginação, e logo se converte em motivo de visualização, que conduz à intuição, que nos abre a porta do templo da verdade, isto é, nos dá o poder de descobrir a verdade, para podermos contemplar sua beleza.

3. O SIGNIFICADO DA LENDA — O motivo da lenda é a construção do Templo, para que nele habite o Deus Íntimo, e tenha ele sua completa liberdade de manifestação.

O Templo é o corpo dominado, educado e guiado por mandatos do espírito, que são a verdade e a virtude.

O Templo de Salomão é o modelo do corpo humano. O Templo, como o corpo humano, se estende do Oriente ao Ocidente e do Norte ao Sul, o que quer dizer que o homem é uma unidade indivisível como o universo. Sua cabeça, que se eleva em direção a mundos superiores, converte-se, pela sabedoria espiritual, em Salomão, que levanta um Templo para glória do Grande Arquiteto do Universo Íntimo.

4. HIRAM ABIFF — A lenda diz: Salomão ("Sol man", o homem solar) querendo fazer de seu corpo um Templo digno para o Deus Íntimo, ou Grande Arquiteto EU SOU, pediu a Hiram, rei de Tiro (a consciência elevada, sol elevado, porque Hiram significa também sol), um mestre arquiteto de obra.

Hiram, rei consciência, envia e lhe recomenda Hiram Abiff (mestre construtor, superconsciência, sol espiritual no homem). Era filho de uma viúva (isto é, manifestado na natureza e pela natureza, como mãe, porém, esta mãe nunca teve um marido).

Hiram Abiff, o Sol-Pai Interior, é designado como chefe supremo dos obreiros (átomos, células, moléculas), para a construção do Templo. Estes obreiros átomos, que impulsionam o homem desde épocas remotas para a formação de seu corpo Templo, nesta Jerusalém interna — cidade de paz, — tinham diferentes graus de capacidade e diferentes talentos individuais. Era, pois, necessário dividi-los segundo suas capacidades (superiores, medianos e inferiores), para poder melhor aproveitar o trabalho de cada obreiro.

Hiram Abiff, como sábio, justo e benevolente, os repartiu em três categorias: aprendizes (trabalhadores no mundo inferior do homem, que equivale à parte do estômago para baixo), companheiros (trabalhadores no mundo mediano, na caixa torácica) e mestres (trabalhadores no mundo superior, que é a cabeça). Hiram — a superconsciência — deu a cada um a maneira de se fazer conhecido como tal, por meio de "sinais, toques e palavras" apropriados, isto é, deu-lhes a capacidade de influenciarem-se por meio dos sentidos — "visão, tato e audição".

5. AS DUAS COLUNAS — Hiram construiu e ergueu no Templo duas grandes colunas (duas pernas) de bronze, e ocas. Determinou que os aprendizes (átomos construtores) recebessem seu salário, isto é, seu bem-estar, na primeira coluna (passiva, esquerda), os companheiros, na segunda (positiva e direita), e os mestres, isto é, os átomos superiores do cérebro e da cabeça, na "câmara do meio", o mundo interno e lugar secreto que se encontra por dentro e acima dos dois.

Cada classe de obreiro para poder receber seu salário,

fazia-se conhecer pelo esforço e trabalho que havia dedicado à Obra.

6. O TRABALHO INTERNO — O trabalho foi dirigido e executado com sabedoria, ordem e exatidão, segundo as instruções recebidas da consciência da realidade ou a superconsciência; e a obra avançou em progresso e elevação rapidamente.

Apesar do número de obreiros, que entre todos era maior que oitenta mil, e de fazer-se todo gênero de obra, não se ouvia nenhum ruído de instrumento de metal (pelo fato do Templo-corpo não ter sido construído com instrumento e por mão de homens). É o silêncio e a quietude no mundo interno, origem de toda obra espiritual.

7. O TEMPLO DA INICIAÇÃO — Durante os sete anos e mais, tempo necessário para a completa iniciação interna, para poder construir o digno Templo de Deus (porque a cada sete anos o corpo físico se desfaz totalmente de seus átomos e células antigas, formadas pelo desejo interior, à força de martelar e trabalhar por meio de novas aspirações, respirações e pensamentos), durante essa construção tampouco houve chuva (isto é, nenhuma ideia, palavra ou obra negativa pôde impedir o desenvolvimento interior), porque o templo estava constantemente coberto.

Igualmente reinou a paz e a prosperidade durante a construção do Templo, porque o iniciado se separa de tudo o que pode perturbar seu espírito, por meio da compreensão e da força de vontade.

8. OS TRÊS MESTRES — Salomão pediu a ajuda de Hiram, rei de Tiro; este o ajuda, enviando-lhe Hiram Abiff, o arquiteto. Os três foram mestres da Obra, e representam a sabedoria, a força e a beleza.

Assim também o corpo humano, que é o templo de Deus, tem dentro de si a trindade divina que são: o poder (pai), o saber (filho) e o espírito santo (a vida em movimento).

9. O CRIME — Este corpo Templo, maravilha das idades, foi construído e dirigido pelo *poder*, pelo *saber* e pela *beleza*. Entretanto, no mundo inferior do homem existem sempre certos defeitos e vícios que o induzem a cometer barbaridades inauditas e indignas; estes defeitos são: a ignorância, o medo e a ambição. A ignorância é um defeito que faz o homem crer que sabe, e não deseja aprender nada; o medo elimina do coração do homem a fé em seu Deus Íntimo e em seus guias, e a ambição é a filha do egoísmo, que exige tudo para si sem merecimento.

Pois bem, três obreiros da classe dos companheiros, julgando-se merecedores e dignos de serem mestres, e querendo sê-lo pela força, como acontece com todos os ignorantes, tramaram uma conspiração para se apoderarem, pela violência, da Palavra Sagrada e dos modos de se reconhecerem os mestres. Esta trindade de vícios ignorância, medo e ambição no homem, quer sempre obter o que não merece do mundo espiritual e material.

Estes três malvados vícios, companheiros do homem

que ameaçam todas as conquistas e esforços espirituais, trataram de conquistar a complacência de outros companheiros e vícios dentro do homem; lograram convencer outros nove companheiros mestres, tendo estes, no último momento desistido porque foram perturbados pelo remorso.

Ficaram os três cúmplices sozinhos e, urdindo o crime, resolveram obter a palavra pela força, do mesmo Hiram (o homem inferior que quer obrigar seu Íntimo a outorgar-lhe todos os poderes divinos, pela força e sem merecimento).

Os três esperaram Hiram Abiff, a quem, por sua bondade, esperavam intimidar.

Escolheram o meio-dia como a hora mais propícia, dado que essa hora Hiram Abiff costumava visitar e revisar o trabalho e elevar suas preces enquanto os demais descansavam. Os três se dirigiram para as três portas do Templo, que naquele momento já estavam desertas, por haverem saído todos os obreiros para entregar-se ao descanso.

Quando Hiram Abiff terminou sua prece, quis atravessar a porta do Sul, o companheiro postado ali o ameaçou com sua régua de vinte e quatro polegadas, pedindo-lhe a palavra e o sinal de mestre. Todavia o Mestre lhe respondeu: "Trabalha e serás recompensado!".

Vendo a inutilidade de seus esforços, o companheiro ignorante golpeou-o fortemente com a régua (que representa o dia de vinte e quatro horas, porém que nunca foram aproveitadas, porque a ignorância sempre tenta obstaculizar a obra divina interna). E havendo o mestre levantado o braço direito para deter o golpe vibrado sobre sua garganta, este lhe caiu sobre o ombro direito e lhe paralisou o dito braço (positivo).

Dirigiu-se, então, o mestre, até a porta do Ocidente, e, ali, o segundo companheiro lhe exige, como o primeiro, a palavra e o toque de mestre e recebeu a mesma resposta; "Trabalha e obterás".

Então este companheiro acertou-lhe um forte golpe no peito com o esquadro de ferro. Meio aturdido, Hiram dirigiu-se até a porta do Oriente. Nesta porta lhe esperava o terceiro e pior intencionado dos três, que é o egoísmo, o qual, recebendo a mesma negativa do mestre, lhe deu um golpe mortal na fronte, com o malhete que havia levado consigo.

Quando os três se encontraram novamente, comprovaram que nenhum possuía os sinais e as palavras; horrorizaram-se pelo crime inútil e não tiveram outro pensamento senão o de ocultá-lo e fazer desaparecer seus vestígios. E assim, de noite levaram a vítima em direção ao Ocidente e a esconderam no cume de uma colina, perto do local da construção.

(O simbolismo ou a lenda nos ensina que o mestre interno, que está trabalhando sempre pelo bem do homem, pelo seu progresso espiritual e anímico, é atacado pelos três defeitos que possui cada ser que vem ao mundo; não obstante, estes defeitos, em princípio, eram qualidades ou caracteres necessários ao homem. O desejo de progredir se converteu, por meio do intelecto, em ambição egoísta; o amor desenfreado tornou-se fanatismo estúpido e, por sua ambição e ignorância fanática, perdeu sua fé e apoderou-se de si o medo).

Estes três grandes vícios matam o homem, o Eu superior na parte Oriental; a personalidade, na parte Ocidental; e, na parte Sul, o intelecto. Em outras palavras: o mestre interno, Eu superior, que é a consciência; a personalidade ou o eu individual que é a vontade, e o intelecto ou inteligência, representados, respectivamente, pelos membros feridos: peito, braço e cabeça.

10. A BUSCA — Quando Hiram Abiff (o Eu superior) não apareceu no lugar do trabalho, todos ficaram perplexos, pressagiando uma desgraça.

Terminou o dia e o arquiteto não apareceu; então os nove companheiros que se haviam oposto à empresa dos três malvados, decidiram revelar aos mestres o ocorrido. Foram conduzidos à presença de Salomão que, depois de haver escutado o relato dos três mestres e dos nove companheiros, ordenou aos primeiros que formassem três grupos, cada um deles unindo-se com seus companheiros para esquadrinhar os territórios e regiões do Oriente, do Ocidente e do meio-dia, em busca do grande mestre e arquiteto, e dos três companheiros, bem assim, da palavra perdida, a qual não conhecia nem mesmo Salomão, e que se havia perdido com o desaparecimento de Hiram Abiff.

Durante três dias buscaram-no, inutilmente, porém, na manhã do quarto dia, um dos mestres que se havia dirigido para o Ocidente, achando-se sobre as montanhas do Líbano buscando um lugar onde passar a noite, ouviu vozes humanas numa caverna. Eram os três companheiros assassinos. Estes viram os visitantes fazer os sinais do castigo, sinais que foram adaptados depois para os três graus, como meios de reconhecimento.

Os três delinquentes escaparam por outra saída que tinha a caverna, e ninguém depois conseguiu encontrar seus rastros.

Regressando a Jerusalém, e na noite do sexto dia (já próximo da cidade), um dos três viajantes se deixou cair extenuado sobre um montículo próximo da cidade. E observou que a terra estava recentemente removida, e dela emanava o odor putrefato dos cadáveres.

Começando a escavar, chegaram a apalpar o corpo, porém, como era de noite, não se atreveram a continuar suas pesquisas; por esse motivo recobriram o cadáver e colocaram sobre o montículo um ramo de acácia, espécie de árvore comum, cujas flores e folhas são sempiternas ou sempre-vivas. No dia seguinte relataram seu descobrimento a Salomão; este fez o sinal, e pronunciou a palavra, que passaram a ser usados depois como sinais de socorro. Em seguida encarregou aos nove mestres que fossem reconhecer se se tratava do grande mestre Hiram Abiff, e que buscassem sobre ele os sinais de reconhecimento, os quais ficaram fixados pelas palavras que foram pronunciadas no momento em que foi levantado o corpo da sepultura.

Assim o fizeram, e ao verem a fronte ensanguentada,

coberta por um avental, e sobre o peito a insígnia do grau, fizeram o sinal de horror, que ficou sendo o sinal de reconhecimento entre os maçons.

11. O SIGNIFICADO DA LENDA — Como todas as lendas e fábulas escolhidas para transmitir uma verdade às gerações posteriores, seu significado é múltiplo.

Entretanto, o único que importa ao mestre maçom é o significado interno e pessoal, ou individual.

Hiram é o Sol, é o Eu superior, é o espírito divino dentro do corpo do homem, é o ideal de todo ser que vem a este mundo. Enfim, é o homem. Este homem-Deus se encontra continuamente por meio da sua mente objetiva, ameaçado pela ignorância, pelo fanatismo e ambição, que o dominam e lhe impedem o progresso. Todavia, o homem nasce, e está obrigado a construir e dirigir o Templo da vida, e a fazer dele o templo vivo de Deus, ou levantá-lo para glória do Grande Arquiteto do Universo, expressando em sua obra sabedoria, poder e amor.

Porém, nossas baixas tendências e paixões estão sempre na expectativa e matam dentro de nós, a voz de consciência, a voz do Íntimo, nosso único guia, e assim se verifica em nós a simbólica "morte de Hiram", ou o adormecimento do Eu superior, cujo elevado ideal dirige nossa vida a um fim superior.

Quando nos entregamos às nossas paixões, ficam suspensos nossos trabalhos de adiantamento, pela perda do guia ou do Eu superior.

Cada homem tem doze faculdades do espírito, como temos visto em estudos anteriores; porém, a cada faculdade se contrapõe um vício inimigo, filho de sua ignorância e medo. Esses doze vícios companheiros que vivem dentro do homem e que o acompanham a toda parte, são a cada instante os que trabalham para a sua perdição! Estas paixões ignóbeis lançam véus sobre o seu ideal, que se acha morto e sepultado; é o espírito latente na matéria.

Assim vemos que a ignorância quer ocupar o posto da verdade, o fanatismo quer exigir que se lhe tribute todas as honras e a ambição quer usurpar toda autoridade de Hiram — o princípio da luz. — Estes três inimigos do homem querem apoderar-se da palavra de poder que outorga toda potestade, a qual só se alcança pela evolução e esforço individual e não pela força; esta palavra poder foi denominada a luz mestra que ilumina o mundo.

Não há morte nem perda temporal que não sirva ou seja motivo para um novo nascimento. Não se pode destruir o que é eterno e imortal, se não, unicamente, oferecer-lhe a oportunidade de renascer numa nova forma mais luminosa, como nasce o espírito em sua iniciação na verdade e virtude.

O Eu superior não pode nunca morrer, quaisquer que sejam os golpes que os erros possam desferir; somente danificam a sua forma exterior.

Já temos dito que os três assassinos são a *ignorância*, que converte a atividade em *fanatismo*, e *ambição*, por cujos esforços sobrevêm o drama cósmico da involução;

porém, o Eu superior, no homem, com o poder da vontade, pode dominar os três companheiros-vícios pelos três mestres que foram em busca de Hiram, que são o saber, a fé e o amor. Estes três atributos superiores conseguem encontrar, despertar e levantar essa luz interior, para que afirme seu domínio sobre a matéria e a ilumine, pela evolução que segue à involução.

O franco-maçom ou filho da luz é o grande mestre HIRAM ABIFF; é também a representação do sol, que percorre seus doze signos do Zodíaco, e que interpreta a lenda maçônica ou o místico drama. No equinócio da primavera o sol deixa o feminino, dócil e aquoso signo de Peixes, para entrar no belicoso, marcial, enérgico e ígnio signo de Áries, o carneiro ou cordeiro, onde exalta seu poderio. Os três meses de inverno são os três companheiros que mataram e sepultaram o sol nas trevas e no frio, porém, os nove meses ou nove mestres foram exaltá-lo, para que iluminasse novamente na vida da matéria.

Os três inimigos do homem escondem no princípio, que ilumina, "debaixo dos escombros do Templo-corpo", para sepultá-lo depois na noite do esquecimento, escondendo-se no Ocidente, isto é, na parte inferior de nossa personalidade ou com o inimigo secreto que é criação do homem, elaborada na parte inferior e baixa do corpo onde residem os átomos densos, grosseiros e pesados. Ali é necessário descobri-los, para que sejam afastados definitivamente de nós outros.

Depois desta limpeza, podemos encontrar o Deus Íntimo dentro de nós, onde se achava sepultado, porém nunca morto, e então podemos, com as faculdades do espírito que são doze (representadas pelos três mestres, que foram buscar os assassinos, e os nove, que o ajudaram a levantar Hiram) e assim a ressurreição será efetiva.

Os três primeiros mestres são: fé, esperança e amor, e os nove restantes são: percepção, conhecimento, associação, juízo, altruísmo, memória, vontade, ordem e acerto.

A palavra sagrada e perdida com a morte simbólica de Hiram Abiff, não a possuía nem Salomão e nem Hiram, o rei de Tiro. Temos afirmado que a palavra do 1º grau é fé; a do 2º é esperança, e a do 3º deve ser caridade ou amor.

Os dois primeiros mestres, que simbolizam a fé e a esperança, não puderam encontrar o cadáver do mestre; somente o terceiro, que é o amor, pôde achá-lo. Estas duas primeiras faculdades não têm poder sem o impulso da terceira, que é a caridade e sozinha pode realizar milagres.

Devemos vencer todo egoísmo, para podermos empregar a força onipotente do amor. O amor nunca pode conviver com o egoísmo, porque este trata sempre de matar em nós a fé e a esperança.

Somente o amor nos pode ressuscitar da morte para a verdadeira vida. Somente esta faculdade nos pode regenerar quando nos encontramos livres do egoísmo.

Então, a palavra sagrada é a essência da fé da esperança e do amor.

12. RESUMO DA LENDA — O Templo é o corpo do homem.

A construção do Templo é a evolução e a elevação de esforços para um fim superior, através do conhecimento da verdade e a prática da virtude.

O Templo de Salomão é o símbolo do corpo físico. Jerusalém (cidade-paz) é o mundo interno.

Os quatro pontos cardeais do templo são: no corpo, a cabeça, que corresponde ao Oriente, o baixo-ventre, ao Ocidente, o lado direito, ao Sul, e o Esquerdo, ao Norte.

Os construtores do Templo são os átomos construtores no corpo físico.

Os três diretores do Templo são: Salomão, que representa o saber; Hiram, rei de Tiro, o poder; e *Hiram Abiff*, o fazer. Os três representam, ainda, a fé, esperança e caridade.

Os obreiros dividiam-se em três categorias. Os aprendizes trabalham na parte inferior do corpo: o ventre; os companheiros na parte média: o tórax; e os mestres, na parte superior: a cabeça.

As duas colunas do Templo são os dois polos: o passivo e o positivo, representados pelas pernas esquerda e direita.

A câmara do meio é o "lugar secreto", ou o mundo interno do homem, no coração ou peito.

Cada categoria percebia seu salário, relativo ao seu trabalho e à sua palavra sagrada. Os aprendizes recebiam-no segundo a sua fé. Os companheiros, segundo a sua esperança, e os mestres, segundo o seu amor.

Apesar do grande número de obreiros dentro deste Templo, todos trabalham silenciosamente, na Obra do Grande Arquiteto, e não se ouve nenhum ruído, porque este Templo não foi, nem é construído por mãos humanas, nem por instrumentos materiais e metálicos.

Sete anos durou a construção do Templo, porque o resultado da genuína e verdadeira iniciação se obtém depois de sete anos, que são necessários para a limpeza dos átomos inferiores e para dar lugar aos átomos superiores.

Hiram Abiff, "o filho da viúva", é o espírito que nasce e se manifesta na matéria ou mater — mãe, sem a vontade da carne. É a mãe sempre virgem, porque o EU SOU entra e sai dela, e ela continua sempre virgem.

O lugar escolhido para a construção foi o monte Mória, que significa "visível ao Senhor", ou "escolhido do Senhor".

Ao aproximar-se o momento do triunfo final, acometem ao iniciado as três tentações no deserto da matéria, que são a ignorância, o fanatismo e a ambição, ou os três companheiros que querem obter o salário de mestre.

Cada defeito estava armado com um instrumento. A ignorância atacou o lado direito — projetor do poder positivo — com uma régua de 24 polegadas, que representa o dia de 24 horas, e, ferindo a mão de Hiram, inutilizou a obra, ou o instrumento da obra, que é a mão.

O fanatismo golpeou o coração com o esquadro, que é o símbolo do homem inferior, dominado pelo seu fanatismo; o esquadro é a forma material, é o conhecimento intelectual que é necessário ao homem, porém este, na maioria das vezes se esquece do compasso, que representa a intuição divina. Ao golpear o coração, mata nele a tolerância e o amor.

A ambição golpeou-lhe a cabeça com a malhete, representando neste ato a vontade mal dirigida e mal dominada.

Uma vez morta a consciência, os três tratam de relegar o fato ao esquecimento, "sepultando o corpo do mestre".

Mas as doze faculdades do espírito, ou os doze mestres, começam a busca. Os três primeiros, que são a fé, esperança e caridade, eliminam do corpo os três vícios, e os outros nove exaltam a luz interior, sepultada.

13. ESTA LENDA É UM FATO DA NATUREZA — Cumpriram esta lenda e cumpri-la-ão sempre todos os mestres e salvadores da humanidade, como Hércules, Osíris, Mitra, Tamuz, Sansão, Krishna e Jesus, porque a lenda foi extraída do *drama solar*, que se repete cada ano na natureza, e todo mestre deve imitar em sua vida o sucesso macrocósmico.

14. O SINAL DE MESTRE — Os mestres têm um sinal, assim como os aprendizes e companheiros. Este sinal é o esforço constante de seu trabalho.

O sinal de aprendiz se refere ao domínio da língua ou da palavra. O sinal de companheiro, ao domínio das paixões ou dos pensamentos, e o sinal de mestre é o esforço para dominar os instintos.

Sem este domínio, não há imortalidade efetiva, simbolizada pela acácia, cujas flores e perfumes são sempre-vivas.

15. A FAIXA — Ao avental, emblema do trabalho, o mestre junta uma faixa, que tem uma figura de eclíptica oblíqua. É a faixa zodiacal, com seus doze signos e constelações, que marcam a trajetória dos astros em nosso sistema solar, em seu caminho aparente e real.

Cada ser tem seu próprio Zodíaco. No coração se encontra o sol interno, em redor do qual giram todas as faculdades.

Assim, quando o iniciado adquire a perfeição espiritual, começa de fato a desenvolver poderes de maior amplitude, enviando seu pensamento, aspiração e respiração aos centros ocultos de seu organismo.

A segunda vinda de Cristo significa que o espírito crístico deve ressuscitar no homem a superconsciência, para que ele se converta em Cristo. (Ler novamente *O grau do companheiro e seus mistérios* — Capítulo 2, O quaternário e a unidade.) A Música (isto é, o verbo vocalizado com harmonia), a astronomia e a retórica ajudam com o seu estudo obrigatório o companheiro a converter-se em mestre.

16. A PALAVRA DE PASSE — Até o momento não se tem dado uma interpretação definitiva da palavra de passe do grau de mestre. Esta palavra é o nome do quinto filho de Jafet, filho de Noé. Porém, se analisarmos o nome segundo *A magia do verbo ou o poder das letras*, teremos este significado: o triunfo na matéria pelo poder do sacrifício.

17. O TOQUE DE MESTRE — Este toque significa os cinco pontos de perfeição, que acompanham a comunicação da palavra, e são: — solidariedade, progresso, reverência, aspiração e um ideal sublime.

18. A PALAVRA SAGRADA — Tampouco se tem podido decifrar o significado da palavra sagrada, que é "M.B.N.", porém, segundo *A magia do verbo ou o poder das letras* significa: *a morte iniciática da matéria engendra o filho* — ou o que equivale a "aquele que morre para as atrações materiais, converte-se em filho amado".

19. A PALAVRA PERDIDA — A palavra perdida é a palavra vivificadora, é o verbo criador, que o homem perdeu desde o Pecado Original, isto é, desde o momento em que começou a alimentar-se com os frutos indicados pela sua mente objetiva.

20. O mestre deve descer ao inferno, ou à tumba de Hiram, em busca desta palavra perdida.

21. Pois bem, a palavra perdida é aquela que somente sai da boca de Deus. O homem-Deus, que pode emitir aquela milagrosa palavra, é aquele que venceu o vício com a virtude, o erro com a verdade, e o Egoísmo com o amor e o sacrifício.

Uma vez chegado o mestre a este grau de perfeição, já pode começar a buscar com os nove mestres aquela palavra perdida que ocupou e ocupava a mente dos sábios!

Terminada a interpretação do significado da lenda maçônica, podemos ocupar-nos da exaltação ao magistério, porque agora podemos compreender seu significado.

2. A exaltação ao magistério

22. Uma vez compreendida a lenda do grau de mestre, a iniciação do grau está esclarecida.

A primeira acolhida do companheiro, na câmara dos mestres, é muito brusca e suspeitosa; é introduzido brutalmente debaixo da acusação de um crime misterioso que acaba de ser cometido e que ele não pode compreender nem a sua natureza nem a sua razão. É submetido a um interrogatório severo porque todos suspeitam dele. Nem a brancura de suas mãos, nem a de seu avental prova sua inocência. (Estas suspeitas têm razão de ser, porque cada homem pode ser o assassino de seu próprio Eu superior.) Logo após, fazem-no passar sobre o mesmo cadáver, porém, como seus pés não vacilam, obtém então, a prova de sua inocência.

Nesta altura ele mesmo se converte em protagonista da tragédia e, sucumbindo debaixo dos golpes dos assassinos simbólicos, toma o mesmo lugar do cadáver com o qual tem que se identificar, como os antigos iniciados nos mistérios de Osíris.

O mal triunfou sobre o bem, Caim matou Abel; porém, mais tarde ou mais cedo, o bem tem que prevalecer, renascendo de novo e exaltando-se na eterna consciência do real.

Se o grão de trigo não morre, não poderá germinar, e ninguém pode chegar ao magistério, sem passar, em vida, pela morte das tendências, paixões e baixos desejos, que escravizam o homem.

23. A ACUSAÇÃO — O companheiro é acusado de um crime cometido e é levado ante o umbral da terceira câmara.

O crime é desconhecido para ele.

Os demais mestres o recebem como juízes inexoráveis de sua conduta e de suas intenções. O avental está sem mancha, segundo o exame feito por todos; suas mãos, símbolos de suas obras, também estão puras e limpas.

A ignorância, o fanatismo e a ambição desaparecem definitivamente de seus pensamentos, palavras e obras, pelo constante e abnegado trabalho nos graus anteriores.

Depois desse prolixo exame, é introduzido na câmara dos mestres.

24. A RETROGRADAÇÃO — Toda a complicada cerimônia da retrogradação, com suas viagens ao revés, o despojo de seu avental e a realização das três primeiras viagens, simbolizando as provas do fogo, da água e do ar, e todas as práticas de reconhecimento, simbolizam a retrospecção, que consiste em que o homem agonizante deve rememorar e ver todas as imagens de toda a vida que acaba de passar, e que estavam impressas no corpo vital. Estas imagens passam ante o olho do espírito, em procissão lenta e ordenada, porém, em sentido inverso, isto é, desde a morte até o nascimento. O panorama da vida passada se imprime sobre o corpo de desejos, que é o veículo que deve sofrer o purgatório imposto pelo mesmo homem, que julga a si mesmo com toda equidade e justiça; também este corpo astral ou de desejos tem que acompanhá-lo até o primeiro céu, onde é recolhido todo o bem ou mal que haja semeado, de acordo com os atos realizados na vida terrestre.

Depois de terminar todas as provas e a retrogradação, é convidado a sentar-se defronte ao símbolo da morte, que é a caveira.

25. DEFRONTE À CAVEIRA — Na câmara do meio não existe nenhuma luz; só a caveira, imagem das sombras de ultratumba, projeta uma claridade, que se dirige sobre o macabro corpo do crime, que ocupa o lugar da ara. Esta é a câmara do meio, à qual não se chega senão passando pela morte e enfrentando o terror do umbral com os seus fantasmas. Esta câmara é o lugar secreto do coração onde deve isolar-se o mestre antes de lhe serem administradas as provas. É o símbolo da morte em vida que deve sofrer o iniciado, que desce ao seu inferno para poder ressuscitar depois. Assim, reconhece a vida eterna e imortal do ser individual, na morte aparente da personalidade...

Aqui está a luz interior, vista com o olho interno ou o sexto sentido. Esta luz vem do centro de seu próprio crânio, em forma de estrela microcósmica, tal como representa o crânio, emblema do grau.

26. O MISTÉRIO DA VIDA E DA MORTE — As perguntas dirigidas ao mestre se referem aos problemas que têm relação com a vida e a morte. Nos mistérios antigos, todo recipiendário devia sofrer a morte em vida, ficando três dias e meio num sarcófago, rodeado pelos mestres, sendo depois ressuscitado, ou como dizem, exaltado. Só deste modo, e por meio deste mistério, pode o recipiendário decifrar o mistério da morte e pode responder a estas perguntas, depois de haver passado pela morte e pela ressurreição.

Que é a vida? Que é a morte?

Somente o iniciado de verdade pode responder a estas perguntas porque ele rasgou o véu da morte, o que nenhuma escola ou religião pode ensinar-lhe. A vida é eterna, e manifesta-se de dentro para fora. Manifesta-se com toda inteligência, sobre o exterior e o interior, e expressa a realidade suprema, que constrói incessantemente todas as formas e substâncias. Sendo assim, a morte não existe, não é ela mais do que uma manifestação da vida eterna, indestrutível e imortal. Conhecida esta verdade, o homem liberta-se do temor da morte, e assim pode responder à pergunta: para onde vamos? Cuja resposta é a seguinte: conquistar conscientemente a imortalidade e sentir-nos verdadeiros deuses.

27. O EU E O NÃO EU — O homem tem que saber discernir entre o EU e o NÃO EU, personalidade e individualidade.

Personalidade — do latim, *persona* — significa máscara, parte exterior, ou seja, o NÃO EU que cobre ou envolve o verdadeiro eu do homem imortal.

Esta casca ou envoltura nasce, morre e regenera.

O verdadeiro EU, a individualidade, é o verdadeiro ser ou princípio indivisível da vida universal. É o eterno em Nós, Permanente e imortal, que persiste através de todas as mudanças exteriores da personalidade. Quando morre o NÃO EU, com suas ilusões, renasce a compreensão e a consciência íntima, com sua verdadeira realidade, para formar o verdadeiro mestre, que resolve o mistério da vida e da morte.

28. O QUE DEVEMOS À VIDA? — Como a vida é eterna, o iniciado sabe que não tem "direito de matar" o veículo da vida. A vida é una com o corpo do homem: se matamos uma de suas expressões exteriores, matamos a nós mesmos, e assim seremos sempre Caim, que mata seu irmão Abel.

Para o iniciado não existe o direito de matar. Para ele, o delinquente é um enfermo, a quem se deve curar. Só a ignorância, o fanatismo e ambição podem condenar e matar. Quem ama verdadeiramente a vida ama a seu próximo como a si mesmo.

29. O PODER SUPREMO — O poder ingente é o poder do amor, e o amor consiste na capacidade de dar sem esperar recompensa. Com o *dar*, distingue-se o verdadeiro mestre.

A palavra do aprendiz, dada ao segundo vigilante, é fé; a do companheiro é esperança, dada ao primeiro vigilante; enquanto que a palavra do mestre é amor.

30. AS VIAGENS DO MESTRE — Sete viagens deve realizar o mestre. A terceira é misteriosa, que o faz passar sobre a morte e o obriga a viver "a morte" em si mesmo, em vez de ser uma simples testemunha. A terceira viagem mostra como a mente tem que praticar a retrospecção, para atravessar o negro tártaro dos mistérios.

Esta marcha misteriosa dos mestres segue do Ocidente para o Oriente, até chegar ao santo dos santos, no Homem, e entrar na câmara do meio, no coração, no qual se realiza a unidade com o íntimo.

Com a entrada ao santuário, o coração fica completamente liberto da ignorância, do fanatismo e da ambição, filhos do pecado original ou da ilusão, e o homem deixa de ser inocente para ser superconsciente e sábio. A terceira viagem tem por objeto vencer a ignorância, as paixões do fanatismo e os efeitos da ambição e do egoísmo, e assim poderá renascer numa nova vida de regeneração.

31. AS OBRIGAÇÕES — Ante a ara, ajoelhado, deve prometer e jurar cumprir sete obrigações:

1ª Guardar o segredo do simbolismo do grau de mestre.

2ª Obedecer às leis da Ordem.
3ª Amar com todo o coração aos demais e nunca tratar de comprometer, delatar ou prejudicar um irmão.
4ª Não atentar contra a honra da família; ao contrário, deve socorrer as viúvas e os órfãos dos irmãos.
5ª Ante chamamento do sinal de socorro, deve acudir prontamente.
6ª Esforçar-se em superar-se, com o domínio sobre si mesmo, e trabalhar pelo bem da ordem e magistério efetivo da arte.
7ª Ser adepto fiel para sempre, trabalhando sempre pelo progresso da Ordem e por seu engrandecimento e dignidade. E, se faltar ao juramento, submete-se às penalidades correspondentes.

Aqui termina o Capítulo da exaltação ao magistério. Antes de seguir adiante, na interpretação filosófica do 3º grau de mestre, devemos falar algo sobre as quatro provas: da terra, do ar, da água, e do fogo, que sofrem todos os iniciados, e sobre elementais que presidem estas provas, para completar o ensino do recipiendário.

3. Os elementais

32. A natureza é como o homem, e tem dois aspectos: externo e interno — corpo e alma. A natureza ou o corpo é a parte ou reflexo visível do interno invisível.

Em nosso corpo, como na natureza, existem certos elementais ou mentalidades, chamadas espíritos do fogo, da água, do ar e da terra. Estes são os deuses do primeiro versículo do *Gênese*, que formaram o céu e a terra, e a contraparte mais sutil da natureza inferior e densa. Eles possuem muitos ensinamentos que darão ao aspirante, aumentando sua percepção e sensibilidade.

33. Nos joelhos do homem existe um centro que treme e faz tremer as pernas, por medo. Deve-se fortalecer este centro com o vigor elementar, para poder entrar na contraparte sutil da natureza, e deve limpar-se e purificar-se, para deixar de ser repulsivo aos princípios elementais.

Com o exercício e o valor heroico nos são abertas as portas da natureza interna, e nos encontramos com os elementais e os elementários.

Nesta atmosfera não se pode pedir nada de mau à natureza. Já não existem dimensões. Contempla-se o número, e não o fenômeno. Concebe-se a causa, e não o efeito, e pode-se passar de um estado denso a outro sutil.

34. Quando se viaja conscientemente, sem o corpo, chega-se a alcançar a consciência da Mãe Natureza, e o homem volve a governar os elementais. Neste estado, já se pode aprender muitas fórmulas secretas dos elementais e da magia elemental, com as quais se pode manipular a substância mental, provocando ilusões que o mundo consideraria milagres. Enganar a visão é um deles.

Estes seres elementais são os anjos de todas as religiões, e são eles os que encarregam de propagar a bela obra do homem e o pensamento virtuoso, para que cheguem a toda gente e seja conhecido por todos.

35. Todos os verdadeiros artistas são amigos dos elementais; entretanto, santos e pecadores têm logrado entrar no mundo elemental. Os ignorantes buscarão instruções que os capacitem também a dominar os elementos inferiores.

Os profetas profetizaram desde este mundo ou esfera.

Os seres impessoais penetram facilmente nesses domínios, porque a natureza retrocede ante os seres egoístas. Deve-se imitar a mãe natureza com altruísmo, para receber todas as suas riquezas.

36. Todo governante deve aliar-se com a natureza, para seguir dominando-se e governando. Muitos querem riqueza primeiro, para dedicar-se mais tarde ao estudo, coisa que se tornará impossível. Todo excesso de posses elimina a pureza e a singeleza da vida, acumula paixões e desejos, que escravizam o cérebro do homem e o aparta de sua soberania na parte superior da natureza.

37. Também os elementais repudiam os cruéis, e em geral, os que buscam a destruição da vida. Os matadores de animais recebem certas descargas atômicas, que lhes impedem o desenvolvimento mental.

Os elementais conhecem o homem por sua luz, e se existe abundante, eles o obedecem com alegria e o protegem; estes são os magos natos. Também há magos de natureza inferior, amparados pelos elementares inferiores, malignos, que provocam apetites anormais nas mentes humanas.

As raças recebem suas ciências e suas artes de seus elementais.

O elemental pode apresentar-se com a vestidura que desejar, e imitar o ser que o agrada. Pode dar ensinamentos vedados aos átomos inferiores aos homens que merecem a entrada em seus mundos.

38. Com a ajuda destes seres, pode-se ver a função interna do órgão físico e como a mente funciona em oposição ao desejo. Protegem os homens do mal alheio. Em várias ocasiões, temos presenciado seres que descrevem uma enfermidade interna do paciente sem tocar-lhe e, outras vezes, à distância, através de algum objeto que lhe pertença.

Dentro do corpo físico existem departamentos, onde os elementais ensinam ao aspirante sua maneira de formar os objetos, manipulando as substâncias mentais para convertê-las em formas de inefáveis belezas em todos os reinos da natureza, desde o mineral até o anjo.

GNOMOS

39. Os gnomos são inteligências do reino mineral; comunicam-se com os homens que gostam de mecânica e de engenharia, porque eles são os melhores engenheiros da natureza. Muitas vezes modelam a rocha em que vivem com uma forma artística que surpreende a mente humana. São os inspiradores dos homens de indústrias e fabricantes de armas e instrumentos de destruição.

Mas existem gnomos de origem superior, que obedecem ao mago e lhe comunicam sua própria sabedoria. Eles sabem de memória todos os livros sagrados, por haverem ouvido sua leitura muitas vezes e têm uma forte tendência religiosa. Entre eles existem beatos e hipócritas que influenciam os beatos. Têm boa memória e, como vivem muitos séculos, podem ditar ao aspirante uma história fidedigna e recordar-lhe muitas passagens e segredos esquecidos.

40. O próprio rei elemental que está dentro do corpo dirige estas inteligências, que lhe são muito obedientes. Eles constroem as formas por curto espaço de tempo, para destruir logo, tornando a reconstruí-las novamente.

Eles executam com perfeição todos os cerimoniais das religiões e escolas, em especial o cerimonial da Maçonaria. O homem, em seus átomos internos, tem uma natureza gnômica e pode pôr-se em contato com esses seres que registram a história de seu passado. Estes átomos são os componentes dos minerais do corpo humano.

ELEMENTAIS DA ÁGUA (ONDINAS)

41. No vapor etéreo de nosso mundo interno vivem os elementais da água, intensificando seus trabalhos durante a lua cheia. O rei elemental da água possui a remotíssima sabedoria, simbolizada pela esfinge que descreve a natureza do homem, quando penetrou e peregrinou através da densidade da matéria. O elemental da água manipula a substância mental e adquire a forma que deseja assumir.

Os elementais da água são muito carinhosos, e pedem amor, beleza e paz, e, desta maneira, servirão ao homem com amor. Às vezes apresentam-se em forma de belíssimas mulheres, com longos e brilhantes cabelos. Adquirem densidade na mesma atmosfera do homem. Eles têm controle sobre as cores e os desenhos.

42. Os elementais inferiores da água convertem-se em seres como vampiros, e podem materializar-se para serem vistos pelos sensitivos, sendo muito perigosos e impuros; moram nos bordéis e prostíbulos e aparecem durante o sono à suas vítimas dissolutas. Estes elementais foram criados pelos pensamentos e paixões baixas de todos os homens, e converteram-se em seus próprios demônios.

Os reis dos elementais superiores são muito categóricos em seus juízos e sentenças. Sua presença está sempre acompanhada do símbolo do tridente e de um halo fosforescente. São de cor ruiva.

Para poder falar com eles, é necessário empregar o idioma dos símbolos e saber usá-los. Eles nos legaram estes símbolos para aprendermos seus ensinamentos nas escolas internas de instrução dentro de nós mesmos. Nestas escolas só entram iniciados e aspirantes de mérito que buscam a superação e o serviço.

Todos os elementais são mortais; associando-se intimamente com o homem, tem este o poder e o privilégio de lhes dar parte da substância divina do EU SOU e convertê-los em imortais.

ELEMENTAIS DO AR (SILFOS)

43. Os silfos, ou elementais do ar, trabalharam muito na evolução do homem. Em sua atmosfera encontramos a herança de nossa mente. Na contraparte superior se encontram seres mais inteligentes e dignos, que guardam nossas criações artísticas e literárias de tempos idos para nos devolvê-las quando delas necessitamos.

Silfos e Sílfides superiores são eruditos e de uma memória prodigiosa. Eles retêm todas as histórias e ensinamentos escritos pelos sábios do mundo. Ensinam ao iniciado não só o que disse um mestre ou filósofo, mas também o que ele não disse. Certa ocasião ouvimos um silfo repetir as palavras de Jesus: "Muitas coisas tenho que vos revelar, porém, minha hora não chegou ainda..." Logo começou a interpretar o que disse o Nazareno, para terminar dizendo: "As verdadeiras doutrinas de Jesus não chegaram até o momento aos homens; mas, os silfos e as sílfides as comunicariam aos dignos de recebê-las".

44. Muitos dos elementais do ar se prestam para guias dos que morrem repentinamente, para protegê-los das alucinações do além. A irradiação do silfo eleva o pensamento, desenvolve a vista interna, dá os rituais da natureza e capacita a leitura e o saber dos livros perdidos da antiguidade. Os Silfos respeitam os átomos solares. Os átomos lunares são venerados pelos elementos da água.

Os silfos ensinam o homem "a fazer justamente sem necessidade de pensar" e a afrontar o perigo sem necessidade de pensar, até depois que haja passado.

Eles retêm tudo o que foi dito pelos profetas e possuem os segredos de todas as escolas e fraternidades ocultas.

45. Cada homem reflete o tipo de silfo e sílfide de acordo consigo. O silfo lê o pensamento e pode fazer voltar à mente ou memória o que ficou acaso esquecido. As sílfides são muito formosas e o ser que as viu uma vez não as esquece, têm sorriso fascinante que cativa e escraviza o homem por toda uma vida.

O mundo inferior destes elementais é a feitiçaria e necromancia. Os silfos inferiores penetram nos médiuns e seres sensitivos, representam qualquer personagem histórico imitando sua voz, sua caligrafia, sua fisionomia, e às vezes até falam o próprio idioma. Eles produzem perturbações mentais, à larga em suas vítimas, destruindo a fluidez do corpo astral.

46. Antigamente os seres sensitivos eram educados convenientemente para que os deuses falassem por meio deles; atualmente ninguém se ocupa em cuidar deles, mas emprestam-se a qualquer entidade, em seu estado mediúnico.

O sensitivo é o que deve responder somente às vibrações mais elevadas para defender os puros de coração das mentalidades negras.

Também o estado hipnótico tem muita semelhança com a mediunidade. Quando o hipnotizador dedica sua ciência a demonstrações teatrais, ou para indagar sobre vidas alheias, será castigado pelas leis violadas da natureza, e os silfos exigirão que se cumpra a justiça.

Existem, amiúde, seres sensitivos ignorantes, mas capazes de grandes realizações que se vêm brutalizados pelo ignorante, que provoca neles a mediunidade inferior. Muito nos tem sido perguntado como podemos distinguir entre um médium e outro, ao que respondemos: toda entidade que faz torturar sua presa, fazendo-a dizer sandices e insultos, é nefasta e baixa, devendo ser excluída, conjuntamente com o médium, definitivamente. O médium e os operadores puros não podem atrair entidades inferiores; por este motivo, podemos assegurar que, em mil sessões espíritas, uma ou duas reúnem as condições exigidas para o caso.

47. Os silfos inferiores manifestam-se, na maioria das vezes, como se fossem seres queridos: pai, mãe, irmão ou um santo; logo principiam a ditar discurso e conselhos de moral, imitando ou representando, com muito poder de falsificação, a voz, o estilo e o modo de escrever. Muitas pessoas nos dizem: "Só eu possuía o segredo com o morto, e o médium o revelou". A estes amigos diremos: os silfos leem os anais da natureza, em tudo o que diz respeito ao perguntante e ao ser que abandonou o corpo físico. Basta que uma pessoa pense num ser do além para que estes elementais formem uma ponte de comunicação entre os dois, para se inteirarem de todos os segredos de seus arquivos. Por estes seres viverem em nós mesmos, conhecem nossos segredos e os daqueles que estão em contato conosco.

48. "Os silfos podem impregnar, com sua atmosfera, qualquer imagem ou objeto que foi adorado ou reverenciado por mentes devotas. E magnetizam-no para que resplandeça e pareça maior do que é em realidade, fazendo com que os olhos de uma imagem se abram, se cerrem, chorem, ou que se mova a cabeça de um lado para outro, fenômenos estes vistos por seres sensitivos e considerados milagrosos."

ELEMENTAIS DO FOGO

49. O Reino do Fogo é maravilhoso. É o mundo da iluminação espiritual e do bem estar das nações. O fogo é o elemento que traz a harmonia ao mundo; já se entende que estamos falando de seu aspecto superior.

Os elementais do fogo põem o aspirante defronte de si mesmo, ou ante o seu terror do umbral. Somente o mago pode saber o que existe mais além das esferas das chamas.

Os seres do fogo têm consciência superior à dos homens. Eles falam pela boca dos profetas; guiam as nações para o bem-estar, e foram adorados na antiguidade. Guiaram eles Joana D'Arc para salvar sua nação em momentos de perigo.

São eles os "filhos da chama" dos místicos.

50. Quando se evoca o elemento do fogo, dentro do próprio corpo, cria-se uma chama, para consumir todos os átomos e elementos inferiores. O despertar do fogo é a meta de todo iniciado.

Ao penetrar nesta atmosfera, sente-se a aproximação do reino de Deus ou do Íntimo. A força mental e corporal são as primeiras chaves deste reino.

As esferas do fogo estão divididas em continentes e países: têm reis ou rainhas que as governam, e cada departamento tem seu guia protetor; nem mais nem menos do que em nosso mundo. Muitas vezes a oração e a aspiração do discípulo são atendidas com o aparecimento de um destes seres.

51. Onde quer que se acenda um fogo, correrão até ele com rapidez, os elementais inferiores. A pessoa dominada por estes elementais gosta da destruição por meio do fogo.

Os elementais superiores do fogo não produzem calor, como geralmente se crê, porque são a contraparte do fogo inferior. Estes seres são verdadeiros mestres.

52. O elemento do fogo depura o corpo mental de todos os átomos inferiores; então o discípulo começará a aspirar átomos e forças solares, para o renascimento espiritual. Abandona seus ressaibos raciais, e a religião externa, para entregar-se à interna.

A meta de todo estudante é evocar a chama, depois de haver-se depurado de todo desejo inferior.

A norma para atrair átomos ou anjos solares para o corpo é: aspirar pela narina direita e ter perfeito domínio sobre o sexo.

Os átomos solares curarão as enfermidades e eliminarão todos os átomos destrutivos, conferindo poder e energia ao homem dando-lhe a nova energia rejuvenescedora.

Os elementais do fogo não têm nada que seja perigoso, bem como os solares, que são femininos e alimentam corpos inferiores; os do fogo, são de corrente masculina, positiva.

Os elementais do ar e da água são correntes terrestres, daninhos; só são perigosos se forem utilizados para fins pessoais ou egoístas.

53. Para desenvolver esta energia solar, temos que inalar átomos iguais. Em seguida, despertar os elementais do fogo, que estão no sistema seminal. É necessário aspirar este elemento do fogo interno e acendê-lo, porque tem a chave da substância universal e nela estão escritas todas as vidas passadas.

Existem certos átomos dentro do corpo que, a princípio, não respondem e ficam desordenados e daí vem a resistência que se conhece como tentação e suas excitações fortes. Porém, com a persistência, começará a energia a elevar-se em espiral desde a base, e nos despertará ao som de sua nota-chave.

Esta energia começa na base da espinha dorsal, eleva-se pela medula espinhal, tratando de sair pelo alto da cabeça. A energia está encerrada numa espécie de saco e, ao ser evocada, passará aos órgãos de geração. Se permanece ali, o homem se converte em um ser diabólico, em mero instrumento do inimigo interno em suas nefandas operações. Porém, se aspiramos elevá-la para que controle nossos centros nervosos e o sol interno, então receberemos ensinamentos da grande e sábia inteligência do sistema solar.

Para lograr isto, é necessário ser valente e forte.

54. Quando, por meio da aspiração, inalação e concentração se consegue unir no sacro as duas correntes solar e lunar, desperta-se a serpente do fogo, que começa a agitar-se em sua câmara. O anjo ou átomo guardião agita, então, a energia seminal e a serpente começa a buscar seu alimento, que é uma espécie de eletricidade estática que se encontra no sistema nervoso e é a contraparte superior da energia seminal. A serpente penetra pela porta que conduz à região seminal, onde muda sua voltagem e sobe pela abertura da espinha dorsal; por ali seguirá ascendendo, vivificando, desenvolvendo e desselando os centros que se acham ao longo do sistema nervoso.

55. Mas, neste estado, é necessário ter muitas precauções para certificar-se de que a energia ascendida seja de natureza superior porque, do contrário, lavra o homem sua própria desgraça.

Os dois polos da energia devem ser unidos no eixo da espinha dorsal, o que produzirá uma terceira corrente que regularizará a respiração das fossas nasais. Esta energia forma o corpo mental e, graças a ela, nasce o mestre interno libertador. Ela se assemelha a uma espada flamígera que relampagueia no centro umbilical. É ela que abre todos nossos centros magnéticos e nos concede a grande inteligência e o poder, perdidos desde eras remotas.

Este dom do Íntimo, o EU SOU, nos liberta do inimigo secreto e nos confere alta iniciação.

56. Os egípcios foram clarividentes: viram os átomos solares e os acharam parecidos com o escaravelho; por isso, seus sacerdotes tomaram por símbolo este inseto, embora o átomo solar seja algo mais redondo.

O átomo solar compõe-se de duas energias opostas: positiva e negativa, com uma parede que os separa. De sua forma surgem duas antenas cruzadas, as quais sustêm o átomo filho, diminuto, do qual vem a ser os pais. Dessas duas antenas brotam correntes de energia. A isto, se lhe dá o nome de Caduceu de Mercúrio. O átomo diminuto contém todos os elementos do fogo e extrai sua natureza ígnea dos distintos planetas. Este átomo diminuto possui a sabedoria e o estado do Íntimo, que está mais além do bem e do mal. Esta é a meta de todo ser e esta é a felicidade buscada por todos.

4. Filosofia iniciática do mestre

57. O Mestre tem os sete anos e mais de idade. Muitos perguntam: — que significa este número de anos e que representa? Temos explicado antes o significado e aqui novamente repetimos, para maior compreensão do iniciado e do profano.

O corpo humano renova sua estrutura cada sete anos; de maneira que das células, moléculas e átomos que temos hoje, depois de sete anos não ficará nenhum vestígio deles, porque se acharão transformados completamente em outros distintos e diferentes.

Assim, tal como sucede no corpo físico, acontece também nos demais corpos: vital, astral, mental etc. Para regenerar-se e converter-se em super-homem, o homem deve praticar também durante sete anos consecutivos, para eliminar de seus corpos internos todos os átomos negativos e densos, transformando-os em sutis e positivos. Por esse motivo deve o mestre maçom entregar-se às práticas espirituais para chegar ao verdadeiro magistério. Para esse fim deve estudar e praticar os mistérios do SETE, do OITO e do NOVE, fazendo deles, sangue de seu sangue, carne de sua carne.

Em mãos do mestre maçom colocamos o material para chegar à realização de seus desejos e anelos. Este material começa com o setenário e a unidade.

O SETENÁRIO E A UNIDADE

58. O setenário é o número mais sagrado, porque contém a trindade e o quaternário e porque representa o poder divino em toda a sua plenitude. No setenário encontramos o EU SOU atuando e ajudado por todos os elementos.

Quando o iniciado chega a desenvolver seus sete centros magnéticos e atuar nos sete mundos, o Querub entrega-lhe a espada flamígera para abrir a porta do Éden, como o vimos em outra parte, e obterá o signo da vitória mencionado no *Apocalipse* de são João.

59. A idade do mestre, na Maçonaria, é de sete anos, o que equivale ao desenvolvimento dos sete centros magnéticos, chamados às sete igrejas regidas pelos sete anjos do Senhor.

Esse número nasce do seis pela unidade central dos dois triângulos entrelaçados, conhecidos por signo de Salomão ou estrela macrocósmica.

60. Na Cabala o número sete é representado pelo carro de triunfo, porque o iniciado que ocupa o centro dos elementos está armado de espada em uma mão e tem na outra um cetro cuja ponta finda num triângulo e numa bola, signos de poder e domínio.

Com o sete, o iniciado domina as duas forças da alma do mundo, afirma-se em sua trindade, reina sobre os quatro elementos, coroa-se com o pentagrama, equilibra-se com os dois triângulos, o número seis, e por último, faz a função de Deus criador com o número sete.

61. O número sete entra em todas as circunstâncias da vida, rege o desenvolvimento do homem e os acontecimentos do mundo, material e moralmente.

1º A mulher tem, todo mês, um período de 14 dias (duplo sete) em que pode ser fecundada e outro, estéril.
2º Até sete horas depois de nascido, não se sabe se o novo ser é apto para a vida.
3º Aos 14 dias (duas vezes sete) os olhos da criatura podem seguir a luz.
4º Aos 21 dias (três vezes sete) volta a cabeça impelido pela curiosidade.
5º Aos sete meses saem-lhe os primeiros dentes.
6º Aos 14 meses (duas vezes sete), anda.
7º Aos 21 (três vezes sete) exprime seu pensamento por meio da voz e do gesto.
8º Aos sete anos rompem-lhe os segundos dentes.
9º Aos 14 anos desperta-se nele a energia sexual.
10º Aos 21 anos finda a puberdade e está fisicamente formado.
11º Aos 28 anos (quatro vezes sete) cessa o desenvolvimento físico e começa o espiritual.

12º Aos 35 anos (cinco vezes sete) chega ao máximo de força e atividade.
13º Aos 42 anos (seis vezes sete) chega ao máximo da aspiração ambiciosa.
14º Aos 49 anos (sete vezes sete) chega ao máximo de discrição e começa a decadência física.
15º Aos 56 anos (oito vezes sete) atinge a plenitude do intelecto.
16º Aos 63 (nove vezes sete) prevalece a espiritualidade sobre a matéria.
17º Aos 70 anos (dez vezes sete) inicia-se a inversão mental e sexual e o homem se torna, como se diz vulgarmente, criança.

Podem-se juntar muitas concordâncias mais, que explicam a afinidade que parece haver no número 7; por exemplo, as enfermidades epidêmicas, que estão regidas por esse número.

Sarampo, varíola, varicela etc., exigem 7 ou 14 dias para cura; a febre tifoide, 21 dias etc., porém consideramos suficientes as indicadas.

62. O objetivo da iniciação interna é o desenvolvimento dos sete centros magnéticos, chamados também sete igrejas ou sete anjos. Por meio da aspiração, respiração e concentração, o iniciado pode produzir o oco na coluna vertebral, para que a energia criadora vá desselando os sete selos da revelação de são João até que seu corpo chegue a converter-se na cidade santa que "desceu do céu".

63. Os sete planetas frente ao Sol colocaram-se a distâncias diversas segundo a rapidez de suas vibrações.

Cada qual dos sete planetas recebe a luz do Sol em diferente medida, consonante sua proximidade à órbita central e a constituição de sua atmosfera e seres de cada um. Em harmonia com o estado de seu desenvolvimento, tem afinidade com um ou outro dos raios solares. Os planetas, chamados *Sete Espíritos ante o trono*, absorvem a cor ou cores, dão um som em congruência com eles e refletem o resto sobre os demais planetas. Esses raios refletidos levam consigo impulsos da natureza do ser, com o qual estiveram em contato.

64. Como é em cima, assim é embaixo, portanto, o EU SOU, o Deus Íntimo e invisível, envolve dentro do seu ser tudo o que é, como a luz branca do Sol envolve todas as cores. Manifesta-se em forma de trindade, como a luz branca se retrata nas três cores primárias: azul, amarelo, vermelho, Pai, Filho e Espírito Santo, vida, consciência e forma, sobre cada um dos sete centros magnéticos do homem, que são os "sete anjos diante o trono do Íntimo". Esses também têm cor e som como os de cima.

65. Assim como cada planeta pode absorver do Sol somente determinada porção de uma ou mais cores, em harmonia com o estado geral da evolução nele, assim também cada centro magnético recebe e absorve do sol espiritual, do Íntimo, certa quantidade dos diferentes raios projetados. Estes produzem iluminação espiritual segundo o grau de desenvolvimento do mesmo centro, que dá ao homem a consciência e o desenvolvimento moral como os raios da Lua dão crescimento físico.

66. Cada centro magnético do homem vibra em cor e som como vibra um planeta no firmamento; essa vibração dá ao ser humano a energia necessária para que a evolução possa prosseguir.

Cada centro, qual um planeta, absorve umas tantas cores e refrata outras para os demais; cada cor indica um poder ou virtude. A debilidade de uma cor num centro representa o predomínio do seu contrário e, portanto, um vício.

67. Desenvolver um centro é avivar sua cor própria para corresponder ao apelo do Íntimo. Mas antes de entrar em pormenores, devemos explicar os valores das sete cores primárias.

> *Vermelho*: indica pensamento potente, sentimentos apaixonados e virilidade física. A debilidade dessa cor representa-se pelo tom roxo.
> *Alaranjado*: mostra gozo, sentimento alegre e saúde robusta. A debilidade dessa cor indica predomínio do azul celeste.
> *Amarelo*: delata lógica, intuição, anelo de saber, sabedoria, sensibilidade. Sua debilidade assinala predomínio do anil.
> *Verde*: indica otimismo, confiança e sistema nervoso

equilibrado. Na debilidade manifesta-se como alaranjado.
Índigo (anil): indica pensamentos concentrados, tranquilidade. Na debilidade dessa cor predomina o amarelo.
Roxo: Denota misticismo, devoção, boa digestão e assimilação. Na debilidade acentua-se o vermelho.
É claro que sendo um centro débil de cor, nele haja de preponderar o seu contrário, o qual, em si mesmo, é muito necessário, porém noutro lugar e não no centro debilitado.

68. Tudo na vida tem relação entre si e não nos cansamos de repetir a frase hermética: "Como é em cima, assim é embaixo, e como é embaixo, assim é em cima". Antes de empreendermos o estudo do desenvolvimento dos centros do corpo humano, o arrancar dos selos, que é a iniciação apocalíptica, devemos conhecer a relação entre as igrejas do homem, seus sete anjos, com os planetas, cores, sons, virtudes, vícios etc.

69. Tomando como o centro o Sol, o astro que verdadeiramente nele se acha, e segundo nossa observação da Terra, temos:

7 planetas — Lua, Mercúrio, Vênus, Sol, Marte, Júpiter, Saturno.
7 dias da semana — segunda, terça, quarta, quinta, sexta, sábado, domingo.

7 anjos superiores dos planetas — Gabriel, Rafael, Azrael, Michael, Samael, Zadkiel, Zafkiel.
7 espíritos inferiores dos Planetas — Gabriel, Rafael, Anael, Michael, Samael, Tachel, Cassiel.
7 virtudes — esperança, temperança, amor, fé, fortaleza, justiça, prudência.
7 metais — prata, mercúrio, cobre, ouro, ferro, estanho, chumbo.
7 vícios — avareza, inveja, luxúria, vaidade, violência, gula, egoísmo.
7 cores — verde, amarelo, roxo, alaranjado, vermelho, azul, índigo.
7 notas musicais — Fá, Mi, Lá, Ré, Dó, Sol, Si.
7 igrejas do apocalipse — Éfeso, Pérgamo, Filadélfia, Tiatira, Esmirna, Sardo, Laodiceia.
7 centros magnéticos, estrelas ou flores — fundamental, umbilical, frontal, cardíaco, esplênico, laríngeo, coronário.
7 sacramentos — batismo, confirmação, matrimônio, sacerdócio, penitência, eucaristia, extrema-unção.
7 perfumes — âmbar, benjoim, almíscar, laurel, absinto, açafrão, mirra.
7 vogais francesas — Ô, A, Ü, E, I, U e EU.
7 consoantes

Assim poderíamos continuar enumerando muitos setenários. Porém bastam esses.

70. Todos esses setenários são emblemas das virtudes e das qualidades espirituais da alma, cujo desenvolvimento tem sete degraus correspondentes aos sete planetas e aos sete centros magnéticos do corpo humano, que indicam o progresso desde a matéria até o mundo divino.

71. A aspiração, a respiração e a concentração são condições da alma e da consciência; manifestam-se como anjos que sobem e descem pela escada de Jacob, da casa de Deus (Terra) à porta do céu. Com a pureza da aspiração e concentração, pode o aspirante abrir o canal da coluna vertebral, convertendo-se em iniciado e encontrando a escada de sete degraus, que significa o símbolo dos metais inferiores que devem ser transmutados no ouro espiritual puro. Os metais são: chumbo, cobre, ferro, estanho, mercúrio, prata e ouro. Transformam-se com as sete virtudes: prudência, temperança, fortaleza, justiça, fé, esperança e caridade.

72. São João disse em seu *Apocalipse*: "João às sete Igrejas que estão na Ásia. A graça esteja convosco e a paz d'Aquele que é e era e há de vir, e dos sete espíritos que estão diante do trono".

Significa isso que do coração, morada do Cristo, o EU SOU envia suas emanações enérgicas e divinas aos sete centros da coluna vertebral que devem obedecer à sua vontade e que, por outro lado, são expressão dos sete planetas e das inteligências espirituais que os animam.

O corpo do homem é o verdadeiro livro de que fala são João, embora não tenha folhas de papel nem linhas escritas com tinta. Dentro desse livro humano estão escritas as coisas presentes, passadas e futuras. O livro dos sete selos é o corpo humano, e é o iniciado quem deve abri-lo na coluna espinhal.

73. A abertura sucessiva dos selos efetua-se por meio da energia criadora que, pressionando do sacro para cima, forma um túnel ou canal na coluna vertebral de nosso templo individual, que possui as portas do mundo desde o físico até o divino.

As cinco primeiras portas correspondem, respectivamente, aos cinco *tatvas* ou vibrações da alma do mundo, sendo centros dos mesmos em sua expressão individual orgânica. Com o domínio interior desses centros, adquire o iniciado poder exterior sobre os elementos e chega a manejar à vontade todos os poderes.

Os dois superiores estão relacionados com os mundos espiritual e divino.

74. Quando começa a energia criadora a premer no homem, irradia vários raios que descarregam em seu organismo; cada um desses raios é um atributo do EU SOU.

Quando pressiona o primeiro selo ou centro, o primeiro atingido é o sistema simpático, que nos dá a determinação de realizar o que pensamos no mundo objetivo.

Em nossa consciência íntima temos duas forças que elevam e destroem o pensamento. O EU SOU envia-nos as correntes de energia em forma de cor, som e luz, ao passo que o demônio interno trata de encher essas correntes de confusão, desarmonia e fumaça.

75. O iniciado, muitas vezes, enche-se de energia excepcional e não percebe a fonte de suas inspirações; essa energia inspiradora deve-a ao primeiro raio do Íntimo, que forma a alma da natureza.

Dessa maneira, o iniciado acumula com a castidade a energia no centro fundamental, que arranca o seu selo e logra, por esse motivo, o poder da vontade da alma do mundo; então, pode ver as coisas antes de sua manifestação no mundo físico.

O vapor que emana do sêmen é o que descobre os selos apocalípticos e dá ao homem o poder de realização; porém, se esse vapor se dirige para a terra, encadeará o homem à natureza infernal ou inferior.

76. Essa energia ascendente infunde no homem os ideais da alma do mundo e nele abre os canais da divindade, limpando seu mundo interno dos átomos criadores da ilusão que moram nos sentidos e só assim poderá conhecer EU SOU.

A iniciação interna dota o verdadeiro iniciado, quando abre o primeiro selo, de um cérebro poderoso e sensível para captar os ensinos escritos no sistema simpático; então já pode reconstituir seu passado e receber a atividade do EU SOU para salvar seus átomos e os demais.

Essa energia outorga saúde e bem-estar porque limpa o corpo dos resíduos da natureza morta, que tratam de penetrar no canal do sêmen e evaporar o conteúdo para o exterior em nuvens de depressão e mal-estar.

77. Quando chega o homem a santificar e venerar os átomos sexuais, constrói o trono do Íntimo em seu sistema nervoso da medula espinhal e entra a sentir veneração a toda pessoa que possui abundantemente esses átomos que fazem do homem um santo. O jovem que loucamente esbanja sua energia poderá ser pai algum dia, porém nunca será respeitado nem por seus filhos nem por sua mulher. O casto que compreende esses mistérios, absorve a consciência da alma do mundo e torna-se simples, poderoso e amado por todo ser.

78. Quando essa energia ascende pelos centros do homem, tais centros se convertem em livros abertos; em uns, está escrito o passado; em outros, o presente e, em outros, o futuro; naqueles o saber e nestes o poder, porque cada centro possui sete portas e, de cada uma, recebe um atributo do EU SOU. Estaremos, então, cheios de vida e vigor e seremos os fachos da divindade que iluminam os homens. Quando o homem chegar a essas etapas, poderá pensar por si mesmo e já não seguirá pensamentos e costumes dos demais.

Quando uma energia criadora ascende pelo canal espinhal aos nossos centros, estes ficam sob nosso domínio.

79. No sêmen encontram-se os anjos da luz e os das trevas ao mesmo tempo. A energia criadora luminosa possui a alta sabedoria divina, ao passo que a tenebrosa tem a mais nociva sabedoria já criada pela mente humana. O objetivo da iniciação é rasgar as trevas internas pela aspiração à luz, pela respiração solar e pela concentração poderosa.

Quando essa energia invade o sangue, forma uma aura pura em torno do corpo que o defende de toda invasão externa. Então, a entidade angélica residente no sêmen forma o canal ou túnel para que a energia invada cada centro e liberte seus poderes latentes. E, quando passa por um centro a outro, une-nos no sétimo com a consciência do Íntimo e seremos grandes iniciados.

80. Já se disse que o demônio ou besta interna trata de puxar a mente para o inferior; por isso, há de vencer-se a oposição da besta e pôr uma barreira entre o pensamento e os átomos pegadiços e malignos. Só assim poderemos aplicar a concentração à energia seminal e fazê-la subir para a consciência do EU SOU.

No centro fundamental encontra-se o anjo da estrela, que atrai os pensamentos de pureza e aí os registra; depois trata de abrir o canal da espinha dorsal e é ele quem resguarda o homem do demônio que está no interior.

81. As glândulas sexuais têm secreções que são tônicos por excelência do sistema nervoso e muscular; favorecem o vigor físico, dão energia ao caráter e penetração à inteligência. O valor e a tenacidade, o atrevimento e o espírito de iniciativa não podem subsistir se os não move o vapor enérgico do sêmen. Esse vapor do sêmen aviva a imaginação, tonifica o sistema nervoso, estimula as funções mentais e faz triunfar o homem contra os átomos inimigos na luta pela vida material e espiritual. Sem ele, torna-se o homem tímido, apoucado, indeciso e que desiste ante a menor contingência.

Com o desenvolvimento desse centro, desabrocha o vigor, a intrepidez e a constância. Pode limpar-nos de todas as enfermidades do cérebro porque o fogo serpentino que penetra todos os elementos queima todas as escórias e mantém o sangue puro e indene.

82. Com o desenvolvimento dos sete centros internos, pode o iniciado adquirir toda a sabedoria que já antes lograra e não reencarnará inconscientemente. Por isso, disse são João no *Apocalipse*: "A quem vencer farei coluna no templo de meu Deus e jamais sairá".

Para obter isso, temos de elevar essa chama que está dentro de nós. Temos de acender os vários sóis e, quando brilhem todos em nosso corpo, poderemos sentir o sol invisível que nos livra da ilusão do mundo.

83. Por meio da pureza, do jejum e da aspiração, absorve nova energia, um alimento muito diferente que o nutre. Por isso, muitos santos e o próprio Cristo puderam jejuar quarenta dias, porque essa energia abre os condutos nasais para que absorvam nova nutrição.

84. Assim como o sol, em seu sistema, manifesta sua

energia que é, ao mesmo tempo, luz, calor e magnetismo, assim também o Íntimo manifesta sua energia criadora em nós, em fogo, luz e magnetismo por meio do sêmen no sistema nervoso central.

Os átomos seminais encerram todas as sabedorias do mundo e nos acompanham desde os primeiros dias da criação. Neles se encontra toda a história e são eles os que iniciam o homem no seu mundo interno.

Pode o homem ser iniciado fisicamente várias vezes; porém se não for aprovado pela inteligência solar interna e se não adquirir a grande consciência para sempre, inúteis serão suas iniciações.

85. Enquanto o EU SOU não se puder manifestar dentro do seu sistema central, composto dos centros, nunca poderemos chegar à suprema verdade.

Com a prática do sistema ioguístico e do Sermão da Montanha, nossos centros abrem suas portas ou seus selos à dita energia em todos os planos e reagem conforme sua voltagem aumente. Então, e só então, poderemos dominar a natureza com seus elementos.

Cada iniciado, nesse estado, deve ser um receptor potente dessa energia e, sobretudo, deve temer o poder terrível dos seus pensamentos, porque essa prática geral é, em si mesma, um poder de que antes não possuía a menor notícia. Seus mundos internos começam a manifestar-se através do corpo físico e o poder do Íntimo converte-se em bênção para a humanidade.

86. Esses centros, ou flores, ou selo, devem girar no homem. Quanto mais progride a alma em sua evolução, com mais vigor giram eles. Neles se manifesta a alma porque são os órgãos dos seus sentidos, e sua rotação indica que percebem as coisas suprassensíveis.

Cada centro tem um número de pétalas ou raios diferentes do outro; assim, o básico tem quatro raios; o esplênico, seis; dez, o umbilical; doze, o cardíaco, e dezesseis, o laríngeo; noventa e seis, o frontal, e o coronário, novecentos e setenta ondulações. Todavia, em cada um dos centros magnéticos trabalham ou ondulam somente a metade dos raios que foram obsequiados, desde longínquo passado, como presente da natureza e sem direta intervenção do homem.

Por meio da iniciação interna deve e pode o homem fazer girar a outra metade inerte e, desse modo, findará por fazer-se todo o centro luminoso como um sol.

87. Nos livros de ocultismo há milhares de exercícios, cujo objetivo é despertar esses centros e para tal podem ser utilizados; mas também há o perigo de converter-se o homem na besta de são João, com suas sete cabeças, se o aspirante não elevou sua moral e espiritualidade a níveis bastante superiores.

Existe, porém, um método seguro e isento de perigo, que consiste na aspiração desinteressada à perfeição, na respiração e na meditação perfeitas.

88. Por meio das três práticas anteriores, tiradas do método ioguístico e do sermão de Cristo, a energia criadora abre o canal da espinha dorsal e eleva o homem até a libertação e a união com o Íntimo. Então, seu corpo se converte na cidade santa que "desceu do céu".

Suponho que o aspirante praticou todos os preceitos e conselhos anteriores; pode proceder e trabalhar sem perigo algum na abertura de seus selos. Deve sempre ter em mira esta frase da revelação de são João: "Só o cordeiro é digno de tomar o livro e abrir-lhe os selos".

89. Começando pelo centro fundamental ou básico, é ele o sustentáculo na parte mais baixa da espinha dorsal e o centro de gravidade do organismo. Essa flor tem quatro pétalas ou raios; dois somente vibram no homem profano e os outros esperam a iniciação interna para começar o movimento. O iniciado, por meio da abstinência e da castidade mental, verbal e física, obriga essas duas pétalas a girar e brilhar como o sol.

É a sede do fogo serpentino ou energia criadora, ou seja, a expressão da divindade individual que se encontra aí, em estado latente.

Abrir o primeiro selo é despertar a serpente ígnea adormecida. A cor que reflete esse centro é vermelho-sujo no libertino, vermelho-amarelo no iniciado; vermelho e azul-púrpura no místico devoto.

Se é clarividente ou não, pouco importa; o importante é saber que o homem, por meio de suas aspirações e pensamentos, abre seus centros magnéticos. Quando seus pensamentos são puros, as cores e flores dos seus centros são nítidas e puras; mas se seus pensamentos são negativos e impuros, seus centros terão cores sujas e informes. Certa é a lei de causa e efeitos dos planetas; porém, essa influência o acompanha apenas até que chegue a pensar por si mesmo e comece a dominar as estrelas. Desde então, o homem traça por meio de seus pensamentos uma senda individual e as cores se afirmam em seus centros conforme o caminho traçado.

O centro fundamental influi em todo o organismo; dá fortaleza, estimula o ânimo e entusiasmo, estimula o sistema nervoso e outorga resistência, esforço e constância. Sua debilidade determina o abatimento físico e moral. Os iogues representam por um elefante branco a força que nele mora. O desenvolvimento desse centro proporciona o domínio sobre os elementos da terra.

90. O centro esplênico acha-se mais acima que o anterior, na região do baço; os iogues o chamam "morada própria". Tem seis raios: três ativos e três inertes. A ascensão da energia criadora até ele ativa a ondulação das três pétalas e outorga ao iniciado o domínio sobre os elementais da água. Sua força está representada por um peixe.

Sua atividade manifesta as seis cores do espectro; dá saúde e crescimento; tem relação com a glândula pituitária; exerce influência equilibrada no sistema nervoso e na temperatura normal do organismo. Seus atributos são: o conselho, a justiça e a caridade, qualidades outorgadas pela energia criadora e que são necessárias para pôr em movimento as três pétalas inativas. Regula o processo vital e elabora na mente ideias sãs. O despertar desse centro produz abundância, saúde e bem-estar físico e moral. O desenvolvimento de seus raios exige perfeita harmonia no corpo, alma e espírito. Enfermidade, paixão e maus pensamentos são as traves do desenvolvimento. O corpo deve ser são para que seus órgãos obedeçam às aspirações que favoreçam a evolução da alma e do espírito. A alma deve ser pura de paixões que pugnem contra os pensamentos espirituais, e o espírito não deve tampouco escravizar a alma com leis e deveres, tal qual um amo, porque a alma deve conformar-se com agrado às leis e deveres por inclinação natural. Enfim, não deve existir necessidade de dominar as paixões porque estas, por si mesmas, se orientam para o bem.

A expansão desse centro permite a comunicação com seres que pertencem a mundos superiores, e constrói uma garantia contra o erro e a instabilidade, porque o homem realizou a harmonia do corpo, da alma e do espírito.

91. O terceiro centro chama-se solar. Gema luminosa que encontra-se na região lombar, tem dez raios, cinco ativos e cinco inativos. Corresponde e outorga o domínio dos elementos do fogo; tem por símbolo um cordeiro; preside aos instintos em geral e às funções digestivas.

Quando a energia vital chega até ele e acende esse candelabro como o chama o *Apocalipse*, desperta no iniciado a prudência, acorda as faculdades e o talento do homem, descobre os fenômenos da natureza, influi nos intestinos, fígado e subconsciente. Ilumina a mente e dá cordura. Sua cor é amarela com verde no homem normal, física e moralmente. O desenvolvimento dos cinco raios consiste no reger e dominar as impressões dos cinco sentidos, e assim pode o iniciado penetrar nos homens e perceber suas qualidades. Esse domínio da ilusão obtém-se com a vida interior.

Demais, há de se evitar o rancor, a inveja, a vaidade e a ociosidade.

A concentração nessa flor do lótus umbilical desperta-a; então começa o homem a ver as formas de pensamentos dos seres, e poderá ler os pensamentos.

92. Ascendida a energia ao quarto centro, desperta a flor do coração, sede do som sem pulsação, como lhe chamam os iogues. Radica-se no centro do peito; é a sede da vida física individual. Este centro tem doze pétalas, seis ativas e seis inertes.

Quando a energia move estes últimos, o iniciado impera nos elementos do ar. Os iogues representam a força deste centro por um antílope dentro do signo de Salomão. O fruto da Árvore da vida colhe-se neste centro; sua cor deve ser a do ouro, como a do Sol.

Fisicamente estimula o processo da nutrição, a vitalidade e atividade mental por sua influência no cérebro; tonifica o sistema glandular e ativa a secreção interna.

Aceso, este candelabro outorga a sabedoria divina e chega o iniciado a perceber e identificar as coisas com suas próprias qualidades. Torna-se, então, modesto e humilde ante a grandeza da criação.

A formação desse centro, ou igreja, na região do coração, efetua-se por meio dos seis atributos mentais que despertam os seis raios inativos, e são: 1º domínio do pensamento, enfocando-o num só ponto, por exemplo, a concentração no átomo do filho na pituitária ou no átomo *nous*, no coração; 2º a estabilidade; 3º a perseverança; 4º a paciência; 5º a fé e confiança; 6º equilíbrio mental ante o sofrimento e o prazer, a sorte e a desgraça.

93. O quinto centro acha-se na região da garganta; preside à palavra ou o verbo e sua manifestação física. Tem 16 raios; oito deles de pouca atividade. Chama-se porta da libertação, porque quando o iniciado desperta este centro, a energia criadora move as 16 pétalas e então domina os elementais do éter que abrem a porta para a entrada no Éden.

É representado por um elefante branco dentro de um círculo, emblema da pureza. Sua cor é um misto de prateado e azul-esverdeado, e seu atributo é a clariaudiência.

Influi no líquido da coluna vertebral, estimula a combustão e atua em todo o sistema simpático; por meio dele se descobrirão os mistérios e ciência encerrados nesse sistema desde tempo imemorial. Dá entendimento, esperança, generosidade. As 16 pétalas ou raios são, como os anteriores, centros correspondentes a outras tantas modalidades da energia, a qual, nele penetrando, desperta as suas oito faculdades latentes e que são: 1º ódio, o ilógico; 2º resolução; 3º veracidade ao falar; 4º proceder corretamente; 5º harmonia no viver; 6º esforço para a superação;

7º preceito da experiência; 8º poder estudar a natureza interna ouvindo sempre a voz do silêncio.

94. No sexto centro, que se encontra no meio da cabeça e se manifesta no entrecenho, a energia desperta a inteligência, o discernimento, e seu atributo é a clarividência.

Nele se encontra o olho interno da visão espiritual. Tem duas divisões compostas cada qual de 48 raios; total 96 raios. Numa das metades predomina o róseo e, na outra, sobressai o azul purpúreo; ambas as cores correspondem à vitalidade dessa flor ou roda.

Esse centro pertence ao mundo do espírito, onde residem os superiores e permanentes princípios do homem e, por isso, requer para sua expressão maiores e selecionadas modalidades de energia. A energia vital produz nele respeito, temperança, abstinência; nele reside o ser pensante; desperta ideias de dignidade, grandeza, veneração e sentimentos delicados. Seu despertar outorga evolução espiritual e domínio do espírito sobre a matéria.

95. O sétimo centro é o lótus de mil pétalas. Está no vértice da cabeça. Nele se manifesta amplamente a divindade do homem-Deus. Quando o fogo serpentino, situado no centro básico, se une a ele no decurso da evolução, o iniciado atinge a libertação, objetivo da iniciação interna e será uno com seu Íntimo.

É o mais refulgente de todos quando está em plena atividade, vibra com inconcebível rapidez e tem cores de indescritíveis efeitos cromáticos, embora nele prepondere o roxo.

Dadas suas 960 irradiações, é o último que se atualiza; porém, quando o iniciado chega a esse adiantamento espiritual, vai o lótus crescendo até cobrir toda a parte superior da cabeça. Esse é o significado da auréola colorida pelos pintores em torno da cabeça dos santos.

Por este centro recebe o homem a energia divina do exterior; mas, atingida a perfeição, começa a emaná-la do interior para fora e o centro se converte, então, em verdadeira coroa.

São João fala das coroas dos 24 anciães que as depõem ante o trono do Senhor. O significado desse passo apocalíptico é que todo homem que conseguiu fazer sair sua energia criadora pela cabeça a depõe aos pés do seu Deus Íntimo para que a empregue em sua obra.

96. Com a atividade do centro fundamental, a energia com seu formidável poder, vivifica todos os demais; dá em resultado o transporte das faculdades internas e desperta a consciência física. Com o despertar do esplênico, o homem relembra de suas viagens mentais. Com a atividade umbilical pode separar-se, à vontade, do seu corpo físico e sentir as influências do mundo astral. A vivificação do cardíaco outorga ao homem sentir a dor e o prazer alheio; deseja sacrificar-se pelos demais e recebe a sabedoria. O despertar do laríngeo dá o poder da clariaudiência; pode o iniciado ouvir a voz do silêncio, a música das esferas e conversar com os espíritos superiores. O do frontal capacita o homem, em corpo físico, a ver os espíritos por meio do seu olho invisível. É o centro da clarividência.

Quando o coronário chega à sua plena atividade, o EU SOU pode sair por ali, deixando conscientemente seu corpo, pois já se acha livre da prisão carnal; pode voltar ao corpo sem interrupção e estará sempre consciente, quer no sono físico, quer no definitivo momento da morte.

Esse é o perfeito iniciado.

97. São João, em seu *Apocalipse*, Capítulo X, versículo 6, diz, depois de haver o cordeiro aberto o último selo: "E jurou pelo que vive nos séculos dos séculos, que criou o céu e as coisas que nele há e a terra e as coisas que há nela e o mar e as coisas que há nele, que já não haveria mais demora" (isto é, para o adepto que chegou à libertação e à união com Deus).

98. Em outra parte, capítulo XI, versículo 15, diz: "E quando o sétimo anjo tocou a trombeta, houve no céu grandes vozes que diziam: 'Os reinos do mundo vieram a ser de nosso Senhor e do seu Cristo, e Ele reinará para todo o sempre'".

99. A tarefa do iniciado é despertar ou acender seus sete candelabros com a luz do espírito divino, para chegar à libertação ou união com o Deus Íntimo.

5. O octonário e a unidade

100. Quando o iniciado desenvolve os sete centros magnéticos pelo ascenso da energia criadora em seu tubo espinhal, nele se cumprem as palavras de Cristo: "Aproximou-se o reino de Deus". Significa isso que ele está pronto para a libertação que conduz à divindade no estado de potência, baseado no sacrifício que é um novo sistema, composto por oito faculdades, para tornar efetiva sua divindade ou potência do amor.

101. O número oito é o símbolo natural do equilíbrio e da justiça; é o número que interpreta com fidelidade as palavras de Hermes: "Como é em cima, assim é embaixo".

O número 7 inicia, organiza, produz, fecunda, triunfa e cria; o número 8 preserva, equilibra, estabelece, conforta e consolida; de modo que cada setenário potencial tem de manifestar-se num octonário vibrante, luminoso em raios circulares compostos e equilibrados.

O caduceu de Mercúrio forma o número 8, ou duas serpentes que se movem ao lado do canal medular, ao passo que as asas representam o poder conferido pelo fogo ao elevar-se aos planos superiores.

102. O octonário é o número da realização da divindade no homem-Deus. Para essa realização necessitamos de oito virtudes ou centros, plenos de Deus, e esses oito centros, correspondem aos oito cabiras, os grandes, os poderosos deuses, cuja obra é a realização da divindade na criação.

Cada um desses deuses ou energias atômicas ocupa no homem uma região, onde trabalha no desenvolvimento interno e externo, até que as bem-aventuranças cumpram sua missão no homem.

Esses oito deuses, segundo a mitologia, são filhos de Vulcano, o que dá a entender que são nascidos do fogo divino criador no homem e que se manifestam nas profundezas do corpo. São oito inteligências atômicas que geram todas as atividades da vida. São elas que realizam essas atividades, normalizando-as e equilibrando-as nas glândulas de secreção internas, chamadas endócrinas. Influem no organismo por meio dos hormônios que segregam e, ao mesmo tempo, levam o efeito das secreções aos mundos suprafísicos do homem. Esses deuses dotam as glândulas de um poder que as capacita a absorver do sangue os elementos que necessitam e os transformam em agentes estimuladores de certas funções. Esses agentes, levados novamente pelo mesmo sangue às diferentes partes do corpo, dão lugar ao equilíbrio que realiza a obra divina, porque aceleram, retardam ou modificam a atividade das funções físicas, psíquicas e espirituais e, deste modo, completa-se a realização da divindade no homem.

103. A mesma mitologia nos conta que os nomes desses deuses eram sagrados; afirma-se que são dotados de poderes mágicos e que quem os conhecesse poderia obter deles qualquer petição. Os hindus, em seu comentário antigo, referem a seguinte alegoria: "Oito casas foram construídas pela mãe. Oito casas para seus oito filhos. Oito brilhantes sóis em harmonia com sua idade e méritos etc.".

Os vedas dizem: "O fogo é, verdadeiramente, todas as deidades".

104. Existem no homem oito regiões habitadas pelos oito filhos do fogo divino:

A primeira deidade reside entre os dois hemisférios cerebrais. Essa inteligência atômica realiza sua obra criadora provocando a secreção da glândula pineal ou epífise. As secreções dessa glândula exercem ação equilibradora no desenvolvimento sexual e em todas as suas manifestações. Tem relação direta com o centro psíquico e atua em todos os processos vitais de índole física, mental e espiritual.

Suas secreções são um freio para o desenvolvimento anormal da sexualidade; predomina até os treze anos; aí sua ação se debilita e então suas secreções realizam o desenvolvimento sexual nos jovens.

Toda deficiência de secreções nessa glândula faz do menino um adulto prematuro, ao passo que sua abundância depois dos anos da puberdade, retarda a maturação sexual; os órgãos continuam pequenos e débeis as funções genitais. A criança também não adquire corpulência, nem esqueleto, nem seus músculos são normais, como nos outros, de maneira que o equilíbrio é o primeiro objetivo e o único da inteligência atômica nessa glândula.

105. O segundo filho do fogo divino está situado no corpo pituitário, chamado hipófise, na base do cérebro. Estimula a secreção dessa glândula que influi na procriação, aviva a inteligência e a força de caráter. A debilidade de suas secreções esgota a força e aumenta a gordura, detém o crescimento, debilita os órgãos genitais e os atrofia, feminiza o caráter varonil e enfraquece a inteligência. Na mulher atrofia a matriz e causa esterilidade.

Funcionando com energia, produz essa glândula exagerado desenvolvimento do esqueleto; os ossos adquirem maior volume e calibre. Alarga-se o nariz, a mandíbula será rija e volumosa. Aumentam os pés e mãos; a língua amplia-se, engrossa e alarga. Na maioria dos casos, entorpece-se a inteligência.

106. O terceiro átomo divino equilibrador acha-se na tiroide, situada no pescoço, apoiada na laringe. Toma o nome de cartilagem tiroide, na qual descansa.

A tiroide é a glândula mais ativa do corpo. O sangue aflui com profusão e arrasta seu produto chamado tiroxina. Se for insuficiente essa secreção, tudo se realiza com lentidão. Lento será o funcionamento do coração, dos rins, dos músculos e lento o desenvolvimento do esqueleto, do aparelho sexual e da função cerebral. São tardias as ideias, tardios os juízos. Torna-se o homem obeso e entorpecido, dada a lenta realização após o acúmulo de reservas.

Inversamente, atuando energicamente a tiroide, a função será oposta ao caso anterior, e o organismo funcionará com exagerada aceleração.

O coração aumenta as pulsações; os rins apressam e a urina aumenta. O esqueleto alarga-se sem espessar-se e os ossos ficam largos e leves. A musculatura é de tipo rápido por lhe carecer volume; os movimentos são velozes e exagera-se a secreção cutânea. Sendo normal a secreção, possui o homem inteligência superior, vivaz, apaixonada e com tendência artística.

Mas, havendo excesso na secreção, sobrevêm grande adelgaçamento, tremura, protuberância nos olhos, aceleração do coração, insônia, suores, sintomas da enfermidade chamada de doença de Basedow Graves.

A secreção normal dessa glândula intervém no desenvolvimento geral e na beleza; a harmonia das linhas gerais do corpo depende desse órgão. Homem ou mulher cuja tiroide funcione normalmente tem olhos profundos e grandes, pestanas largas e arqueadas, cabelo abundante e formoso, mãos largas, esguias, dedos belos terminados por elegantes unhas com lúnula.

107. A quarta entidade rege a secreção das paratiroides que estão situadas no pescoço e misturadas com as tiroides. Sendo deficiente a secreção dessas glândulas, há não só transtornos musculares, mas também alterações oculares e dentárias nos primeiros; cataratas, nos segundos, alterações no esmalte e má calcificação. A pele perde sua vitalidade, enruga-se, sensibiliza-se, mingua-lhe a textura, lesiona-se facilmente.

O excesso de secreção altera gravemente o esqueleto, o sistema muscular, e ocasiona muitas deformações ósseas e corpóreas.

108. A quinta deidade realizadora e equilibradora encontra-se no timo, glândula situada por trás do coração e que cresce em tamanho e importância funcional até os catorze anos; depois diminui, passando suas funções para as amígdalas e gânglios de natureza tímica.

Quando o timo funciona debilmente, o crescimento é tardio, deficiente o peso, a dentição má, por falta de calcificação, frágil o esqueleto, reduzido o volume da criança. É friorenta, excitável, delgada, pequena, inquieta, nervosa, irritável, delicada e sensível. Os processos nutritivos são deficientes; pode a criança ter inteligência viva, mas carece-lhe energia nervosa e tal carência lhe estorva o labor mental. A insuficiência do timo retarda o crescimento e chega o jovem à vida adulta com escasso porte e parca desenvoltura física.

Se funciona com excesso, ativa na criança demasiada corpulência, causa de muitos males orgânicos e mentais: pouca inteligência, tardia articulação da fala, imperfeita e lenta; atraso no andar. Não se atrofiando quando adulto, origina graves desordens, especialmente sexuais: atraso e debilidade sexual, deficiência de energia física e nervosa, funções lentas e turbações psíquicas.

109. O sexto átomo equilibrador dirige as glândulas suprarrenais, situadas acima dos rins. São abundantemente regadas pelo sangue; são indispensáveis à manutenção da vida e segregam muitos produtos distintos. As glândulas suprarrenais fabricam a adrenalina, que, ao passar pelo sangue, exerce acelerante ação em todas as funções; o coração amiuda o número de suas pulsações; o sistema nervoso excita-se; os nervos reagem com maior velocidade; contrai-se com rapidez o sistema muscular, dando presteza e facilidade aos movimentos.

O córtex das glândulas suprarrenais produz outra secreção cujos efeitos vão contrariar os da primeira: retardar as funções do organismo, mas o que tais funções perdem na velocidade ressarcem na força e resistência. Essa secreção robustece o coração, tonifica o sistema nervoso e reforça o sistema muscular, aumenta o vigor e a potência geral do organismo, especialmente a nervosa e muscular.

Sendo débil ou deficiente a função do córtex, será também débil o organismo; mingua-lhe esforço mental; incapaz de desgastes musculares cansa-se facilmente; não se desenvolvem os músculos por não terem boa assimilação e, com isso, não aumenta o peso, as linhas serão delicadas e débeis. A fartura da adrenalina no sangue favorece a velocidade e habilidade nos atos voluntários, mas deixa ao homem delgado corpo, causa irritabilidade e nervosismo, suas forças reduzem-se por carecer-lhe resistência. Ao contrário, a secreção do córtex robustece, dá músculos, energia, vigor e formidável resistência.

A mulher, em sua juventude, tem um *déficit* de secreção no córtex suprarrenal; por isso é ágil, nervosa, sensível e delicada; com os anos, equilibram-se, porém, chegando aos quarenta, predomina essa secreção, e a mulher engorda, mas é forte, musculosa, enérgica, autoritária. Sua voz engrossa e nela produz-se uma virilização com o viço de basto pelo, sobretudo no lábio superior.

110. A sétima inteligência reside no pâncreas, glândula mista que possui duas secreções, uma externa, outra interna. A primeira é secretada no intestino e serve à digestão; a segunda, a interna, é a insulina, substância imprescindível ao sangue para aproveitamento dos alimentos compostos de hidratos de carbono, como os vegetais e seus derivados: massa, doces, açúcar, frutas, legumes, verduras etc.

Escasseando a insulina, o homem se adelgaça, malgrado os bons alimentos, e apresenta caracteres da falta de nutrição: perde peso, reduz-se a força muscular e desaparece a resistência física. As secreções normais do pâncreas asseguram bom peso, mantém sólido sistema muscular e ósseo, providos de grandes energias.

Quando a secreção é muito pobre, advém a enfermidade cognominada *diabete*. A medicina trata de controlar essa enfermidade com a insulina.

111. A oitava e última inteligência equilibrada ocupa as glândulas sexuais: ovários na mulher e testículos no homem. Os ovários produzem mensalmente um ovo, célula reprodutora que gera o futuro ser; porém, fora dessa função cumprem outras, importantíssimas, que regulam toda a fisiologia da mulher por meio das secreções internas. Os ovários, como as suprarrenais, têm duas funções ou secreções distintas que cumprir.

Uma parte da secreção ovariana, chamada foliculina, tem ação excitadora, aceleradora e estimulante. Favorece o desgaste de energias; com ela, são as mulheres delgadas, ágeis, sensíveis, com acentuados caracteres de feminilidade. A outra parte da secreção está representada pelas do corpo amarelo, favorece a acumulação da gordura e engorda. Da harmonia existente entre essas duas secreções dependem o equilíbrio físico e as funções perfeitas da mulher, em sua menstruação periódica, em sua forma externa, em seu caráter e até em sua inteligência. Um ovário enfermo ou que funcione mal, provoca desarmonia nas formas, afeia as linhas e perverte o caráter feminino. Todos os órgãos e sistema do corpo sofrem os resultados da má função ovariana; até os cabelos e as unhas se ressentem da sua anormalidade.

As glândulas sexuais masculinas têm por tarefa a procriação. Produzem o espermatozoide que, unindo-se à célula ovárica, dá origem ao novo ser.

Essa secreção é externa; as internas regem os caracteres masculinos secundários, ou formas varonis, o sistema esquelético, a barba, os bigodes e a voz masculina.

As secreções testiculares proporcionam valor, tenacidade, coragem, atrevimento e espírito de iniciativa. Essas glândulas, com suas secreções, avivam a imaginação, tonificam o sistema nervoso, estimulam as funções mentais para triunfar na vida e exercem singularíssimas repercussões na personalidade.

A deficiência dessas secreções, por enfermidade ou muito desperdício de espermatozoides, torna o homem débil, afeminado, enfraquece as forças musculares e, sobretudo, a inteligência. O caráter torna-se apoucado, tímido, indeciso; o valor empana-se e atrasa-se o crescimento físico e espiritual. É de transcendente relevo a castidade e a abstinência em trabalhos importantes, como se viu nas páginas anteriores.

112. Para entender melhor os efeitos das secreções, temos de estudar, embora superficialmente, a função do sistema nervoso central. Todos sabem que tal sistema está constituído por uma série de órgãos entre si relacionados. São eles: o cérebro, o cerebelo, a protuberância, o bulbo e a medula espinhal. De todos eles saem os nervos que se dirigem a todas as partes do corpo, como finas malhas de fios muito delgados, captam sensações dos mais afastados lugares do organismo e transmitem-nas aos órgãos centrais, que respondem por meio de outros filetes nervosos e provocam as reações adequadas ao estímulo já recebido.

Os que conduzem a sensação ao cérebro chamam-se nervos sensitivos e os que conduzem a resposta chamam-se nervos motores.

Entre os primeiros e os segundos, encontram-se os gânglios compostos por células nervosas, que são como estações receptoras de sensações e irradiadoras de respostas.

Esse sistema perfeito governa a totalidade das funções do corpo: digestão, circulação, respiração, excreção, reprodução, atividade, resistência, crescimento, peso, estatura, funções glandulares etc., no corpo físico e inteligência, poder, valor, caridade, fé, amor etc., na alma. Os dois funcionamentos, físico e espiritual, equilibram-se pelo octonário ou as oito fontes glandulares, para realizar e equilibrar a criação divina.

113. Compreendido o supracitado, pode-se estudar a função do sistema nervoso, que é, na realidade, una e divide-se em dois setores de função contrária. Um setor acelera as funções e o outro as retarda. Do equilíbrio de ambas surge a perfeição com que essa função se realiza.

Um setor estimula o desenvolvimento da extensão, dos membros e do tórax; o outro desenvolve a espessura dos membros. Da harmonia dos dois desenvolvimentos depende a forma perfeita.

Essas duas partes em que se divide o sistema nervoso chamam-se: sistema simpático e sistema parassimpático. O primeiro acelera, o segundo modera; o primeiro produz vivacidade na inteligência, pois mais célere se faz a cerebração; porém ao mesmo tempo, é maior o desgaste de energia, ao passo que o segundo, ao retardar o desgaste, economiza energias, porque é menos rápida a imaginação; mas, em compensação, é capaz de realizar trabalhos mentais mais prolongados.

De todas essas deduções podemos compreender que no primeiro predomina um grupo de glândulas, e no segundo, o outro grupo.

114. As diferentes glândulas de secreção interna reunem-se funcionando em dois grupos, sob as respectivas ordens dos setores nervosos: simpático e parassimpático.

Corresponde ao simpático: a pineal, a porção anterior do corpo pituitário, a tiroide, a parte medular das suprarrenais, a parte folicular dos ovários e a parte seminífera dos testículos. Corresponde ao grupo parassimpático: a parte posterior da pituitária, as amígdalas e o tecido linfático, as paratiroides, o timo, a parte cortical das suprarrenais, o pâncreas, os corpos amarelos do ovário e as partes intersticiais do testículo.

115. No homem em que predomina o simpático, predominam as glândulas tiroide, hipófise anterior, medulas suprarrenais e parte das sexuais.

Nessa classe de tipo, as formas são alongadas, elegantes, finas, esbeltas. Cabeça pequena, tórax mediano, abdome reduzido e chato, membros longos, pouco músculos, linhas retas.

Suas funções são rápidas, porém débeis e de fácil esgotamento; digestão escassa, circulação viva e acelerada; peso leve; estatura normal ou alta. Caráter imaginativo, vivaz, inquieto, sensível, vontade débil, pouca tenacidade, inconstância, muito sentimentalismo. Inteligência viva, rápida, minuciosa, volúvel, cansa-se facilmente. Ideias muito vastas, mas não as podendo suster muito tempo.

116. O tipo parassimpático é o contrário do primeiro. Nele predominam: o timo, as paratiroides, o pâncreas, o córtex suprarrenal, a hipófise posterior e as partes intersticiais dos órgãos sexuais. Suas formas são curtas, roliças, maciças; cabeça grande, tórax amplo, pescoço curto, abdome globoso, membros curtos, linhas curvas; nele abunda a gordura subcutânea e corporal. Suas funções são lentas, resistentes, circulação enérgica; digestão perfeita; tem força e resistência. Peso normal ou supranormal. Estatura normal e baixa. Caráter enérgico, resistente, tenaz, voluntarioso; não se desanima, tem pouca sensibilidade, frieza, impavidez. Inteligência pouco ágil, porém hábil, certeira, firme; pode resistir a prolongado labor mental.

117. Como vimos, cada tipo tem certas qualidades e carece de outras. O objetivo da iniciação na ciência espiritual é o equilíbrio do homem, a realização perfeita. As secreções internas equilibradas formam o corpo físico e espiritual; dão saúde de corpo e Espírito.

Cada pensamento desloca as partículas do cérebro e, pondo-as em movimento, dissemina-as através do universo. Cada partícula da existência deve ser um registro de tudo quanto aspirou e pensou o homem. O iniciado é o construtor do universo e, ao mesmo tempo, é um equilibrador, porque seus pensamentos, desejos e aspirações são filhos da luz, nascidos da mente sã e perfeita de um corpo são e perfeito, que adquiriu para si, pelo desenvolvimento e equilíbrio de suas glândulas de secreção internas, o direito de converter-se em Deus, graças à própria experiência na iniciação interna.

O inconsciente do profano alcança a consciência clara de si mesmo pelo desenvolvimento e equilíbrio das oito casas de secreção quando se inicia internamente.

O profano é o homem que pouco ou nenhum contato tem com o EU SOU, e deste não possui consciência. O iniciado é o ser que, por seu desenvolvimento no mundo interno, adquire a união com o Íntimo. Desde então pode sentir a proximidade do reino do céu, mas de maneira consciente.

118. Também o reino do céu tem oito graus, que correspondem aos oito esforços realizados pelo iniciado para equilibrar a secreção das glândulas internas, equilíbrio que as prepara para ficarem cheias e plenas de Deus, e que facilitam ao homem sua união com o *Eu* no reino do céu.

O vapor das secreções glandulares é o que comunica o homem com seus mundos internos, servindo-lhe de ponte sobre o abismo que separa a consciência humana da consciência divina.

Jesus, o Cristo, deu-nos no Sermão da Montanha as bem-aventuranças como resultado dessa iniciação e fruto do equilíbrio da secreção interna.

119. Bem-aventurados os pobres de espírito, porque deles é o reino do céu.

Essa primeira faculdade para a realização divina não compreende por pobres de espírito, os patetas, os ignorantes ou os bobos, mas aqueles que, pela iniciação interna e perfeito desenvolvimento, chegaram a ficar cheios de Deus e já não recorrem às mesquinhas ciências humanas para encontrar o reino do céu. Antigamente a alma era rica de espírito porque recorria ao êxtase nos mundos espirituais por meios artificiais, e vivia arroubada e inconsciente do seu estado. Porém, desde a vinda de Cristo, tornou-se o homem mendigo do espírito, quer dizer, já não pode recorrer à clarividência inconsciente e busca em si mesmo e por meio de seu *Eu*, o reino do céu. Como mendigo do espírito, já não busca Deus fora de si; ao contrário, refugia-se nos mundos internos que o transportam aos mundos divinos, onde estará cheio conscientemente de Deus e, desse modo, conhece a si mesmo e a sua divindade interna. Os pobres de espírito são os que buscam a riqueza em Deus.

120. "Bem-aventurados os que choram, porque serão consolados".

Essa etapa indica a paciência do iniciado, desenvolvido e adiantado na senda da iniciação. Sofre ao ver as ambições da humanidade.

Em tempos passados, não importavam nada aos homens as dores alheias e, até em nosso tempo, a maioria da humanidade repete o adágio que diz: "Chorem todos os olhos, desde que os meus não derramem uma só lágrima". Antigamente, curava o homem seus sofrimentos com ajuda exterior, embora com essa cura sacrificasse seus irmãos. O iniciado de hoje, à maneira de Jesus, já não pensa em si e chora a desdita alheia.

A mesma dor dos demais o leva a buscar alívio e remédio para eles.

Todos os seres nascem dentro do espírito universal. Cada qual é uma célula no corpo do cosmo, e quando enferma o órgão, vai a divindade eliminando o mal para conservar o órgão e não o órgão para eliminar o mal.

Plenos de Deus são os que chegaram, com o desenvolvimento, ao estado de trabalhar para que todos os homens sejam filhos de um só Pai. Esse trabalho lhes custa prantos pelos sofrimentos da humanidade, porém cedo ou tarde receberão consolo.

121. Na terceira bem-aventurança diz Jesus: "Bem-aventurados os mansos porque eles possuirão a terra".

Essa é a etapa da absoluta confiança em Deus e completa submissão à sua vontade. A mansidão não é apatia, nem a servil atitude dos hipócritas. O manso compreende o ser digno e tranquilo em seus desejos no cumprimento de sua missão na terra.

Com o equilíbrio interno, toma o iniciado o governo do seu mundo de desejos e alcança, por si mesmo, a meta da evolução. Então, pode cumprir sua missão divina na terra. Será um Cristo cheio de Deus, temperando e harmonizando seus desejos. Em troca, receberá a terra ou um corpo perfeito com mente perfeita e dirá com Paulo: "Todas as coisas concorrem para o bem dos que amam a Deus".

As três bem-aventuranças anteriores revelam como o iniciado leva à evolução seu corpo físico, etéreo e astral até deixá-los instrumentos obedientes do Íntimo que atua no homem como sensação, compreensão e consciência.

122. Chegado o homem a esse grau de evolução, o EU SOU manifesta no mundo, no corpo físico pleno de Deus, o amor fraterno. "Bem-aventurados os que têm fome e sede de justiça porque eles serão fartos."

Esta é a quarta manifestação do reino do céu. Quando o iniciado, pelo impulso crístico, chega a sentir e aplacar a sede e fome de justiça do espírito, então estará farto de compreensão e reina harmonia em todos os seus atos, harmonia com as leis naturais e espirituais. Aí se lhe desperta a razão de todos os seres humanos terem parentesco entre si.

Fome e sede de justiça são a manifestação de Deus na razão do homem.

123. Cumprindo esse dever, sente em si o homem a manifestação da quinta bem-aventurança que diz: "Bem-aventurados os misericordiosos, porque eles terão misericórdia".

O misericordioso é aquele ser que, depois de sentir a sede de justiça do reino divino, sente a unidade com todos os seres e converte-se em sábio tolerante pela posse da caridade e da compreensão. Desaparece de seu coração a crítica mordaz; ama todos os seres, e suas ações convergem somente para trabalhar no plano da evolução e da perfeição.

Seu desenvolvimento interno outorga-lhe a sabedoria que lhe revelará que todos os seres são seu próprio ser, todos os corpos são seu próprio corpo, e todas as almas, sua própria alma. Então, estará pleno de Deus, desaparecem do seu coração as ambições, o egoísmo e as guerras e, por consequência, o reino do amor sobreviverá à sua pessoa para reinar depois no mundo.

124. Uma vez elevada a alma até esse nível, sobrevirá a sexta: "Bem-aventurados os puros de coração, porque eles verão Deus".

Plenos de Deus são aqueles cujas secreções são perfeitas e equilibradoras, porque o sangue (veículo do Íntimo) penetra no coração sempre puro e limpo quando o funcionamento das glândulas segue as leis da harmonia; então o homem pode reconhecer e ver Deus em si mesmo.

Todas as coisas são puras para os limpos de coração, porque a pureza é como luz que ilumina as trevas internas e nos põe, frente a frente, ante Deus, e quem vê Deus em seu coração O vê em todas as coisas.

125. Quando o iniciado manifesta sua Divindade pela pureza de coração, terá de obrar, de então por diante, apelando para os mundos superiores e divinos, unidos aos terrestres pela energia crística interna que regenerará o Universo inteiro pelo espírito.

Quando o EU SOU se liberta das cadeias carnais do corpo e chega a sair voluntariamente do vértice da cabeça, poderá difundir paz no universo e o homem converte-se em pacificador cheio de Deus.

"Bem-aventurados os pacificadores porque serão chamados filhos de Deus", porque farão descer ao mundo físico o espírito divino e trarão paz e harmonia a todo ser.

O pacificador é aquele ser que percebe a verdade em todas as religiões, sistemas, partidos, e trata de harmonizar todas as divergências entre um outro, como o hábil músico que arranca notas harmoniosas de um instrumento para compor o hino à verdade. O pacificador vê a unidade na diversidade.

126. A última e oitava bem-aventurança diz: "Bem-aventurados os que padecem perseguições pela justiça porque deles é o reino do céu. Bem-aventurados sereis quando vos vituperarem e perseguirem e disserem de vós todo mal por minha causa. Gozai e alegrai-vos, porque será grande vossa recompensa no céu".

Ora, devemos compreender que tudo o que se dá na terra e no corpo físico deve sofrer, a princípio, oposição. Todo impulso da verdade não pode triunfar de golpe na evolução, porque os resíduos da ignorância, da dúvida lhe põem resistência e causam sofrimento. Serão perseguidos, vituperados pelos que se aferram às velhas praxes; porém, o iniciado deve manter-se unido ao Íntimo para poder realizar, como Deus, a expressão do amor no equilíbrio. É esse o mistério do octonário, quando o iniciado equilibra suas secreções glandulares ou quando, pela aspiração, respiração ou meditação nesses centros equilibradores, ativa os átomos divinos moradores neles e, por meio deles, chega ao desenvolvimento impessoal da individualidade, característica de todos os verdadeiros iniciados.

Esse desenvolvimento consiste no equilíbrio e o equilíbrio consiste no sacrifício pessoal que é pensar, falar e agir com a consciência divina, em vez de exprimir-se do externo, correspondendo à aparência.

As secreções internas do profano sempre sofrem desarmonia, dadas as suas aspirações e maus desejos; levam-no muitas vezes ao erro e até ao crime; porque, segundo a ciência espiritual, todo criminoso é um ser enfermo, e já vimos que a deficiência ou exagero das secreções glandulares conduzem o homem a muitos vícios e defeitos.

O iniciado cujas aspirações, respiração e pensamentos são puros, perfeitos e fortes, harmonizam suas glândulas e equilibram as secreções que lhe inspiram fé, justiça, amor, mansidão, paz etc.

127. Quando o sábio disse: "O homem será tal como ele pensa em seu coração", quis explicar que todo pensamento, emoção ou desejo influem nas glândulas endócrinas. Se for negativo o pensamento, desarmonicamente influi nas secreções internas; mas, se é positivo, o equilibra.

Todo aspirante pode estudar isso no ambiente em que vive; no colérico, no invejoso, no ambicioso, no libertino, no rancoroso etc., e poderá verificar quanto podem essas emoções e pensamentos desequilibrar o funcionamento dos hormônios desses sujeitos e depois esgotar e aniquilar o corpo.

Sucede o inverso com o iniciado que desenvolveu pensamentos de paz, amor, fé, altruísmo etc. Vive sempre radiante de alegria e energia e sua presença é uma bênção de Deus em seu ambiente.

6. O novenário e a unidade

128. Já vimos que desenvolver os sete centros magnéticos é chegar ao poder e domínio; ativar e normalizar as oito fontes principais de secreção interna é chegar à expressão do amor no equilíbrio, que é constante irradiação.

O vapor ou fluido das secreções internas comunicam-nos com os mundos suprassensíveis ou nove céus.

O setenário no homem é a orientação ativa na busca da verdade; o octonário equilibra nosso poder na mesma verdade; ao passo que o novenário é uma verdadeira iniciação de nossa obra na verdade. Por conseguinte, o novenário é o natural do adepto que realiza seu poder no setenário, equilibra-o no octonário e, por último, o expressa como luz radiante no novenário.

129. Com o setenário, o iniciado triunfa; com o octonário, equilibra sua força; mas, só com o novenário encontra a luz do Íntimo por meio da concentração individual, que é a realização no interior e a expressão no exterior.

Com os sete centros desenvolvidos domina sobre o bem e o mal, sobre o visível e o invisível: com as oito fontes de secreções equilibra sua atividade; porém, com as nove, obra com conhecimento e luz para vivificar o que está latente no mundo interno.

O número um representa o homem-Deus como princípio-origem; é o princípio que aspira a toda realização divina. É a imaginação, a ação de pensar do centro pensador.

O número três é a realização da dualidade, é a ideia pensada ou verbo-pensamento, cujo ritmo criador domina toda forma de vibração.

O número quatro é a vontade do EU que faz manifestar e exprime seu querer ou realização da ideia pensada nos quatro elementos da natureza vibratória.

O número cinco é a vontade do EU que se reveste dos cinco sentidos para expressar externamente o que realiza no Íntimo, no interior, a inteligência divina. Os cinco sentidos são os instrumentos da razão.

O número seis é fruto dos cinco sentidos no homem; é o desejo interno, a vontade ativa pela eleição que une o pensado com o querido, ou o mundo divino com o terreno.

O número sete é a conquista do poder da unidade pela perfeição da ação no corpo físico; é o centro da ação depois de haver pensado com consciência, inteligência e vontade.

O número oito é a razão interior do juízo que, pela compreensão, manifesta, interna e externamente, o equilíbrio na humanidade; é a ação de agir de acordo com o pensado e o querido, com justo uso.

O número nove é o princípio da luz divina, criadora, que ilumina todo pensamento, todo desejo e toda obra; exprime externamente a obra de Deus que mora em cada homem, para descansar depois de concluir sua Obra.

130. Na mitologia, os gregos consideram que a plasmação do verbo se realiza com e pelas nove musas, filhas de Júpiter, o pai da vida, ao unir-se com Mnemósine, a memória.

Essas nove musas são:

Clio — a inspiração do ouvido; é a musa da história.
Urânia — a inspiração divina, musa da verdade.
Calíope — a da voz, musa da poesia épica e da eloquência.
Erato — a do amor, musa das canções dos amantes.
Euterpe — a encantadora, gênio da música melodiosa.
Polímnia — a inspiração religiosa, musa da tradição,
Melpômene — a da tragédia, que penetra no mistério da morte.
Tália — a inspiração jovial, musa da comédia.
Terpsícore — musa da inspiração animadora da dança.

131. No homem, como no cosmo, existem nove céus e, em cada céu, habita um coro de átomos angélicos, chamados pelos cristãos os nove coros de anjos.

O mais baixo dos céus é o da Lua; corresponde ao mundo dos desejos ou astral, o mais próximo do físico.

É o mundo da sensação em que trabalham aqueles átomos chamados anjos, filhos dos pensamentos chamados aspirações, que se elevam desprendendo-se da densidade da matéria grosseira.

132. O segundo céu é o de Mercúrio, o mundo mental, o mundo da inteligência concreta. Nele residem os átomos chamados arcanjos, expressão elevada dessa inteligência humana. Esses átomos manifestam-se no homem sob a forma de inspirações morais.

133. O terceiro céu é o de Vênus, ou mundo espiritual, manancial de inspirações elevadas da mente abstrata, princípio de vida na matéria. Seus átomos anjos chamam-se principados porque são os princípios que governam a evolução da vida individual por meio da atração.

134. O quarto céu é do Sol, o do espírito puro, que é o princípio e o que dá vida individual. Nele os átomos se chamam postestades que, como o Sol, irradiam e atraem, e assim formam o equilíbrio de todo poder.

135. O quinto céu é o de Marte; corresponde ao fogo sagrado do criador e relaciona-se com o mundo do espírito divino. Nesse mundo se encontram os átomos chamados virtudes, que representam a força da expansão individual.

136. O sexto céu é o de Júpiter, habitado pelas dominações; é o mundo dos espíritos virginais, que presidem à gravitação universal em toda forma material oposta à expansão anterior, e influem na justiça e retidão.

137. O sétimo céu é o de Saturno, o pai tempo-espaço. No espaço se manifestam os tronos que originam e determinam, com o movimento, a sucessão do tempo, expressão da vontade.

138. O oitavo céu é o de Urano, onde moram os átomos chamados querubins, ou seja, *próximos à divindade*, isto é, à porta do Éden. São os anjos que expressam no espaço pela dualidade da manifestação, a raiz da consciência, individualizada da divindade.

139. O nono céu é o mundo de Deus do absoluto, em que jazem o tempo, o espaço, a vida, o pensamento, a energia, a matéria e todas as manifestações. Os anjos chamam-se serafins, que manam da essência do ser e presidem ao amor.

O amor é a nota-chave de toda harmonia criadora e construtora, e o triplo do senário é a união do absoluto com o relativo, do abstrato com o concreto, tal qual se vê na relação seguinte:

Espírito	*Alma*	*Corpo*
Espírito do espírito	Alma do espírito	Corpo do espírito
O espírito puro	Idealidade	Ideia
Sujeito que pensa	Verbo	Pensamento
Espírito da alma	Alma da alma	Corpo da alma
Sujeito que quer	A quintessência	Desejo
O *Eu* consciente	Vontade	Volição formulada
Espírito do corpo	Alma do corpo	Corpo do corpo
Iniciativa motriz	Vitalidade	Corpo astral
Sujeito que opera	Função orgânica	Hiperfísica orgânica

140. Consciente o homem dos seus nove céus ou mundos, converte-se em deus e desempenha o seu papel:

No céu da Lua, pelos átomos chamados anjos da fecundação.

No céu de Mercúrio, pelos senhores de Mercúrio ou arcanjos; constrói a razão.

No céu de Vênus, pelos principados, tem o amor.

No céu do Sol é como o Astro Rei; por suas postestades é doador de vida.

No céu de Marte, pelos átomos das virtudes outorga a ação.

No de Júpiter, as dominações presidem à benevolência.

No céu de Saturno, pelos tronos, dá a dor, caminho e mensageiro da ventura.

No céu de Urano, pelos querubins, infunde o altruísmo.

No céu de Netuno, enfim, pelos serafins, é a mesma divindade em ação.

Como se vê, todos os nove céus com seus respectivos coros, anjos ou átomos encontram-se no próprio homem.

7. A magia do verbo e o poder das letras

141. Forma-se o alfabeto maçônico com a combinação das duas linhas horizontais e das duas verticais, em nove quadros. Entretanto, o alfabeto maçônico é raramente usado entre os irmãos de altos graus, e temos que seguir nossos estudos sobre a *magia do verbo e o poder das letras*, para que o mestre tenha o poder da *palavra*.

142. As letras ou signos gráficos que interpretam a linguagem não têm outro objetivo senão o de representar por meio de figuras os mistérios que a palavra falada interpreta por sons. É evidente que ambas as modalidades de expressão devem ter uma correspondência comum em nosso subconsciente e por meio de cada uma delas podemos decifrar esses mistérios, seja pelo olhar ou pelo ouvido.

143. Já sabemos que primeiro existiu o som, e depois a figura e o número que interpretam. Um idioma é o conjunto de sons articulados cujas vibrações podem ser medidas ao emiti-los. Qualquer que seja o tom em que falamos, o som pode decompor-se em alguma frequência e reduzir-se a uma quantidade determinada de vibrações, que estabelece a primeira relação entre o número e o idioma.

144. O técnico norte-americano Mr. Dudley construiu um aparelho por meio do qual se imprimem diretamente sobre o papel as palavras que se pronunciam num microfone. Segundo declarações da imprensa para a qual foi construído esse aparelho, o mecanismo se move eletricamente e está constituído por uma série de filtros, cada um dos quais recolhe as frequências correspondentes à determinada letra.

145. O som fundamental da voz humana é representado pelo "A". Para emiti-lo, é necessário abrir a boca e fazer com que o diafragma impulsione o ar através da traqueia. É o primeiro vagido que acompanha nosso nascimento, e o último que expelimos, ao morrer.

O "A" serviu ao homem primitivo para expressar sua necessidade de saber. Atualmente a letra "A", combinada com outras letras, serve para denotar uma variedade de emoções; por exemplo: "Ah" significa dor ou contentamento, receio ou esperança, cólera ou resignação, piedade e ponderação.

146. Devemos notar que as letras de todos os idiomas do mundo nascem todas do ponto, da linha e do círculo. Um ponto em movimento produz a linha, e a linha, por extensão de si mesma, dá lugar ao círculo. O círculo, o ponto e a linha seriam, pois, os primeiros sinais com que o homem primitivo interpretou sua linguagem, cifrou seu saber, e explicou os ideogramas que precederam a formação dos alfabetos conhecidos.

147. Cada nação ou raça formou o seu alfabeto, e lhe deu certas figuras correspondentes à sua sensibilidade e imaginação. Porém, o ideograma, ou a figura que interpreta uma ideia, existiu antes do sinal fonético ou do alfabeto: A linha completa é a unidade, o espírito, o masculino, o ímpar, a força que cria e se multiplica a si mesma ao dividir-se em dois. Os árabes, ao formar seu alfabeto, figuraram a primeira letra, que é "A", com uma linha vertical (1); desta maneira, a letra "A" e o número 1, em árabe, têm uma mesma figura. A linha quebrada, segundo os antigos, é o par, o feminino, a força criadora, a polarização, a dualidade a matéria.

Ambas as linhas — a completa e a quebrada — constituem a parelha hermafrodita. Leibniz disse que a linha inteira é o "UM", a quebrada é o "ZERO", ou o que forma a década de Pitágoras.

$$\begin{array}{l} \text{Antítese: O Não Ser} \quad 0 \; \rule{2cm}{0.4pt} \\ \qquad\qquad\qquad\qquad\qquad\qquad = 10, \\ \text{Tese: O Ser} \qquad\quad 1 \; \rule{2cm}{0.4pt} \end{array}$$

ou o número que interpreta um ciclo de criação, o qual termina no mesmo ponto que começou e se repete em sucessão eterna.

148. Os egípcios nos deixaram os ideogramas mais antigos, porque anotaram fenômenos celestes que tiveram lugar há 40 000 anos. Se bem que as inscrições achadas no Egito não remontem a mais de 10 000 anos, é de se aceitar, no entanto, que os sinais que nelas existem não são inventos do momento, senão, muito anteriores às datas em que foram gravadas.

Os hieróglifos egípcios são a origem de todos os alfabetos conhecidos e as raízes dos troncos daqueles que estão divididos em famílias que são: o semítico, o europeu e o indo-hitita.

O hebreu é derivado do fenício, e este, por sua vez, é uma prolongação do egípcio, porém, modernizado.

Os 24 sinais que usaram os egípcios reduzem-se aos 22 adotados pelos fenícios e foram a origem do hebreu e do latino.

149. O alfabeto de cada idioma está composto por sinais. O sinal é uma figura que evoca, por sua natureza, o entendimento das coisas representadas por ele. Então, num alfabeto, pode estar compreendida uma soma quase infinita de saber. A grande pirâmide foi um sinal no qual os sábios do Nilo cifraram e perpetuaram o saber recebido, para transmiti-lo às gerações vindouras.

150. As letras do alfabeto declaram e decifram o sentido dos signos e dos mistérios nelas velados.

Assim, podemos reduzir que o saber contido num sinal, sabendo-se descobri-lo, nos vem desde a mais remota antiguidade, por linha de continuidade, que pode nos dar o laço de união que ata o imediato ao transcendental, e é o elemento que nos facilita ver, desde o presente, o que foi o passado, e o que será o porvir.

151. Há certos autores que atribuem todo o saber à Bíblia e ao alfabeto hebreu, e aceitam que Abrahão é o fundador da raça hebreia; que, ao sair de Ur e ir ao Egito, ele aprendeu todos estes mistérios porque sua mulher habitou num palácio do faraó, e Abrahão adquiriu "grandes riquezas em prata e ouro".

Esta lenda foi tratada e explicada em nossa obra O *Gênesis reconstruído*, na qual explicamos que nunca existiu um ser chamado Abrahão, nem uma mulher denominada Sara.

Ambas são símbolos iniciáticos; que o alfabeto hebreu conserva as tradições. Não o duvidamos, pois todos os alfabetos também as conservam, como o temos explicado.

O *Tarô dos boêmios*, que data de milhares de anos antes de muitos alfabetos, encerra todos os mistérios dos sinais, números e letras.

152. Em nossa obra *Cosmogênesis segundo a memória da natureza*, foi dito que cada letra é o nome de uma divindade, da qual os magos sabem empregar o poder chamado *verbo*.

Os livros sagrados foram escritos com caracteres sagrados. De Moisés, Daniel, Esdras, Hermes, e dos vedas, não possuímos mais que simples reflexos da verdade, porque perdemos os verdadeiros caracteres originais. Mas não é difícil encontrar no mundo interno, ou na memória da natureza, a cópia original, e algum dia virá o ser que reconstruirá as Sagradas Escrituras de todos os povos. Jesus disse: "Só o que vem do alto pode ascender ao alto". Os livros sagrados foram escritos em três planos, por letras ou sinais que têm também três planos, mas os homens os interpretam no terceiro, que é letra morta.

153. Como em todas as coisas, o número três se impõe em toda emanação. O pai necessita da mãe e a mãe do pai, para terem o filho. A unidade está constituída pela trindade, que coexiste simultaneamente nela.

Toda manifestação deve ter três planos ou três vias, por onde o homem pode perceber e expressar a vida, e que são:

1. O plano espiritual, relacionado com o pensamento.
2. O plano mental, relacionado com o pensador.
3. O plano físico, relacionado com a imagem pensada.

Estes três planos de manifestação, inseparáveis uns dos outros, estão vinculados aos três elementos que entram na linguagem; assim:

a) O plano espiritual o está com a aritmética.
b) O plano mental o está com a música.
c) O plano físico o está com a geometria.

154. Cada letra do alfabeto tem estas três chaves; por conseguinte, em cada palavra também entram os três elementos mencionados; assim:

a) tem um valor numérico, que lhe é próprio;
b) tem um som, que a distingue;
c) tem uma figura, que a caracteriza.

As letras do alfabeto são, em sua origem, 22 ideogramas, chamados as *22 portas do saber*. As letras interpretam o saber antigo por meio da palavra, que identifica a ideia nela cifrada.

Logo, cada letra tem dois valores para nós: o primeiro se relaciona com a substância; é transcendente e não tem uma correspondência imediata no entendimento; percebemo-los mas não os identificamos.

O segundo é relativo; identifica-se com a nossa consciência, tendo limites muito reduzidos.

155. Em cada letra estão cifrados muitos princípios, que têm sua correspondência no homem e em tudo o que existe na natureza, porque *tudo é uno e o uno é tudo*. Cada letra interpreta princípios atuantes; moldes que foram imagens e forças inteligentes que animam essas imagens segundo o molde em que são formadas.

156. Às vezes, num alfabeto existem mais de 22 letras; mas no latino as principais são 22 e as demais são derivações.

As 22 letras compõem o idioma; cada letra está relacionada com um número, um som, uma figura geométrica, uma cor, um aroma, um planeta do sistema solar, um signo do zodíaco, um processo alquímico, uma atividade física e uma noção mental.

157. Como cada letra representa um número, é necessário seguir a nomenclatura egípcio-fenícia, em ordem alfabética, para facilitar ao leitor o estudo das letras e aplicar a magia do verbo em suas necessidades espirituais, mentais e físicas. Porque os princípios, cifrados em cada sinal-letra, têm sua correspondência no homem, que é o supremo símbolo da criação, e o verdadeiro ideograma, no qual se resume o saber contido em todos os sinais.

158. Não é nosso desejo aprofundar o estudo do homem, maravilha da criação; porém, para nosso estudo temos que falar do mistério do *grânulo* de vida, no qual estão, em potência, todas as partes que compõem o homem; todos os que foram seus antepassados e os que serão seus sucessores. O grânulo de vida não é o espermatozoide, senão uma espécie de germe, que se acha aninhado na cabeça deste. Este germe, como uma criança, contém o grânulo vital, que cresce no ventre materno, continua crescendo na cabeça do recém-nascido, e alcança a sua plenitude na idade madura do homem, e, à medida que se vai desenvolvendo faz com que se desenvolvam também as partes que constituem o homem, desde o nascimento até a morte.

Todas as faculdades que constituem o homem como indivíduo, não são mais que a extensão do minúsculo ser que se aninha em nossa massa encefálica. Este pequeno ser está formado por uma espécie de eflúvio vaporoso, que penetra na matéria cerebral, como a luz penetra na água, se bem que viva do nosso alento e perceba a mesma vida que nós outros percebamos. A ciência moderna tende a confirmar essa asseveração. Este grânulo de vida tem, por meio do cérebro, uma íntima relação com os dez centros de intelecção, chamados pela ciência arcana *A árvore da vida* ou o arquétipo cabalístico, que resume o saber contido em todos os signos.

O homem pode interpretá-los à medida que vão nascendo nele as partes que lhe facilitam a interpretação do contido em cada uma delas.

159. O homem não nasce de uma vez; as partes vão nascendo progressivamente, segundo a extensão progressiva do grânulo de vida e, assim, o que se encontra latente no arquétipo humano deixa-se expressar em partes proporcionais, no decorrer da existência de todos eles.

O grânulo de vida desenvolve seus poderes em seus veículos físicos, que são os órgãos do nosso corpo e nossa mente. Com esta, educa e disciplina as funções dos nossos órgãos, que são ativados e postos em movimento para sua completa progressão.

Este processo se efetua através dos dez centros de formação que, segundo a Cabala, se chama a Árvore da Vida dos dez sefiroth.

Estes dez centros existem em nosso organismo, e têm correspondência com os outros dez, que existem no germe em nosso cérebro.

160. A vida do homem se desenvolve em três planos: o físico, o mental e o espiritual. O primeiro é o órgão que executa; o segundo, a força que move; o terceiro, é a inteligência que dirige.

"A inteligência tem sua vida no grânulo de vida. Este grânulo se expressa diretamente através do plano espiritual, por meio do qual se expressa também os outros dois, que produzem em nós as inspirações, impulsos e movimentos que completam as obras de nossa vida diária."

161. O verbo de nossa palavra está no plano espiritual, plano em que habita o germe de vida. Este plano é como foco de luz que penetra e enche todo o nosso ser. Esta luz tem 10 centros de emanação refulgente e está cruzada por 22 canais de distinta tonalidade. Estes 10 centros são os 10 princípios do homem, os 10 sefiroth representados pelos números, e as 22 portas do saber são as 22 letras pelas quais estes princípios se manifestam no saber, que está no ser humano, e expressam o poder contido nelas.

162. Segundo a Cabala, a capacidade individual, na qual se manifestam o poder e o dever, não está no plano espiritual, nem no grânulo de vida, porque estes são perfeitos em todos os indivíduos. A capacidade está no plano mental e no físico; no primeiro, para responder aos estímulos transcendentes, e, no segundo, para cumprimentos imediatos. Quanto mais se unam em nós estes dois fatores, seremos mais aptos para manifestar a inteligência e potência contidas nos 10 princípios, nos 10 números e nos 22 signos do alfabeto, e o EU SOU, que está em nós, poderá, através de nosso olho, expressar seu verbo por meio de nossa palavra (ver *As chaves do reino interno*).

163. Os 10 princípios absolutos dos números têm no homem, 10 centros de expressão e manifestam-se através das faculdades ordinárias inerentes ao ser humano, pois todas as faculdades têm seus atributos correspondentes nos 10 centros criadores do homem-arquétipo.

O círculo e a linha convertidos em números fazem (10) dez; convertidos em letras, o número *um* se transforma em I, e o *zero*, em O. É o IO, o EU, esta parte imortal do homem, encarnando-se nos reinos inferiores, que antes de descer era unidade. Ele é o "i" minúsculo, que se separou do ponto central do círculo, mas para progredir gradualmente através dele até o homem, e depois, ao encontrar seu caminho novamente até a união. Ou como disse Jesus, "Assim é necessário que o filho do homem seja levantado"; o "i" minúsculo se levanta até tocar o ponto e se transforma em "I" maiúsculo, e, então, o filho do homem é filho de Deus. Também o (Y), na palavra YO nos mostra a descida até o reino mais inferior, para voltar a ascender ao mais elevado, à união no reino do céu.

164. O EU SOU manifesta sua divindade na árvore da vida, que é o corpo, por meio de 10 centros de emanação, que são:

	Cabeça **1**	
Cérebro direito **3**		**2** Cérebro esquerdo
Lado e mão direitos **5**		**4** Lado e mão esquerdos
	Coração **6**	
Pé direito **8**		**7** Pé esquerdo
	9	
	O Sacro	
	10	
	Força Criadora	

1. Verbo Divino; 2. Sabedoria; 3. Inteligência; 4. Misericórdia; 5. Fortaleza; 6. Beleza; 7. Vitória; 8. Glória; 9. Fundamento; 10. Reino.

Estes são os centros que têm as 32 vias, que comunicam o plano espiritual com o corpo no plano físico, e seus princípios se denominam manifestações, enquanto que as percepções, que se verificam no corpo físico, se convertem em princípios, no plano espiritual.

As 22 letras ou ideogramas se servem do som e dos números para provocar o fenômeno de converter as *noções*, que se acham no plano espiritual, em imagens equivalentes, no mental.

165. Resumindo, podemos dizer que cada letra pode ser interpretada por três elementos, que são: um número, uma figura e um som. Quando o homem chega a decifrar os três elementos das letras de seu ideograma, converte-se em sacerdote e mago do verbo.

Agora vamos estudar cada uma das letras. Para tal fim, pedimos ao leitor o máximo de atenção.

Nossa exposição será clara, e, entretanto, encerra muitas regras e condições para aprender a manejar o poder do verbo, porque a linguagem humana é de origem divina e de luz. Houve, e ainda há, alguns seres que formaram certas escolas para ensinar a seus discípulos o poder do verbo, num alfabeto primitivo, como se no alfabeto atual não se pudessem encontrar o poder e a luz.

Devemos esclarecer outra condição importantíssima, que é a seguinte: cada povo ou raça tem seu livro e seu alfabeto. Para adquirir maior proveito da magia do verbo, o estudante deve atender às suas próprias letras e seguir a relação que existe entre elas e as diversas posições do corpo humano. Assim como as palavras reproduzem os sons da natureza, e têm sua correspondente cor e proporção, assim também as letras dos alfabetos expressam certas posições do corpo. Individualmente, este centro tem doze pétalas, seis ativos e seis relacionadas com uma figura ou signo.

166. Cada letra é uma força patente e corresponde a um signo e a uma posição do corpo. Nós não percebemos sua vibração, embora esta exista e se manifeste ao falar ou pela pronunciação mental.

Na outra parte desta obra daremos provas palpáveis da vibração sentida da palavra pronunciada em nosso organismo, e assim podemos compreender o que quis dizer

Jesus: "E dareis conta de cada palavra inútil". "Todas as coisas por Ele (o verbo, a palavra, o logos) foram feitas". E como cada um de nós é um logos, podemos criar nosso próprio ambiente.

Cada letra é uma força; da combinação das letras nascem forças, que engendram um fim distinto.

Pronunciar um nome é evocar o denominado; porém, para realizar e manifestar o poder do nome, deve-se unir o pensamento ao som e à forma.

Um nome é uma invocação (*mantram*). Pronunciar uma palavra é evocar um pensamento e fazê-lo presente. Cada nome contém um mistério e um atributo a que se refere, seja virtude ou inteligência.

167. As vogais são a alma da linguagem, o molde em que se vazam os elementos materiais do som. As consoantes são o corpo da linguagem. As vogais se relacionam com o plano mental, as consoantes com o plano físico, e os pensamentos, com o plano espiritual.

O pensamento é o primeiro elemento do Íntimo; é sua potência criadora; é o pai criador do céu e da terra. A vogal é o pensamento que chegou a ser uma ideia fixa e definitiva na mente do homem; converte-se em força ativa e cristaliza-se no mundo físico.

A consoante é o corpo ou mundo físico, onde se manifestam o pensamento e o verbo.

168. Todo verbo-som influi primeiramente no corpo de quem o emitiu, para depois chegar ao seu objetivo externo. Temos que dar conta de cada palavra inútil, disse Jesus. Nos trabalhos anteriores falamos da palavra perdida. Chama-se perdida, porque hoje são raríssimos os seres que a conhecem e sabem empregá-la. Nesta palavra está o segredo do tom que reside na vibração, por meio da respiração. Neste tom, materializado na vocalização, está a vida e a ação, porque toda vida é uma ação e toda ação é vida.

169. Falar é criar: Este é o objeto da oração. Porém, o que é a oração? Para quem é a oração? Para que serve a oração?

Orar significa falar; oração é discurso, rogo e súplica. Em gramática, é um conjunto de palavras *que expressam uma declaração completa*. Então, oração é invocação ou um apelo a alguém, em seu auxílio, por meio da palavra ou verbo, e palavra é o conjunto de vários sons.

Porém, a quem devemos invocar? Deus? Necessita Deus de um conjunto de palavras, fabricadas pela mente humana, para conceder o que o homem lhe pede? Nós respeitamos todas as crenças e religiões, porém não podemos aceitar o absurdo. Deus sabe nossas necessidades, como sabe as do lírio do campo e das aves do céu. A Deus não é preciso dizer: cure a João ou a José do mal, porque é pai de cinco filhos, é pobre rapaz etc., de sua enfermidade (e aqui citam o nome científico da enfermidade); ou rogar-lhe para que salve a alma daquele senhor que morreu ontem etc.

Então, o que é oração? Para que serve?

A oração é a vocalização de uma ou mais palavras que saem, por necessidade do coração, para produzir, por meio da ondulação de tom, um efeito em nosso organismo ou nos demais seres. As letras são nomes de entidades divinas, que efetuam estas vibrações ou ondulações de que necessitamos, por meio da aspiração e da respiração.

Até um suspiro é uma oração. Um simples som ou assobio pode ser uma oração, desde que eleve a mente a certo grau em que a percepção espiritual é mais intensa.

170. Estas palavras sagradas, que produzem estes efeitos, são chamadas *mantrams* pelos iogues. Estas palavras criam, por meio do ritmo e da nota-chave de cada pessoa. O Íntimo, segundo nossos puros pensamentos e aspirações, pode dar-nos a verdadeira pronúncia das palavras sagradas. Na obra *A magia do verbo ou O poder das letras* damos uma regra e ensinamos um caminho, porém o caminhante é quem deve sujeitar-se à regra e caminhar com seus pés.

Ouvimos, durante o dia, pelo menos 10 pessoas que nos saúdam com estas palavras: "Bom Dia"; porém, não produzem em nós o mesmo efeito, e, às vezes, preferimos que não nos saúdem, para não escutar o tom de certa voz. Disto se deduz que o aspirante deve, antes de tudo, depurar seus pensamentos e seus sentimentos nefastos, para poder, ante o seu altar interno, orar ao Pai ou ao Íntimo, como disse Jesus.

171. Saint-Yves D'Alveydre, em sua apreciável obra, *O arqueômetro*, chave de todas as religiões e de todas as ciências, disse no primeiro capítulo (A palavra): O Evangelho de são João, em siríaco-arameu, diz: o princípio é a palavra, o verbo. Em toda parte se acham vestígios da importância do verbo humano, considerado como reflexo do verbo divino. Aos seus antigos alfabetos de 22 letras, a Igreja Siríaca atribui um valor litúrgico, e a cada uma delas uma função divina, um sentido hierárquico.

Entre os antigos alfabetos, anteriores à civilização anarquista greco-latinas, se classificam as 22 letras murais como equivalentes típicos da palavra.

Os brâmanes dão o nome de *Vatán* ao alfabeto que comunicaram a Saint-Yves D'Alveydre, porque foi o da língua falada pela primeira raça humana que povoou a terra, língua que foi a fonte donde saíram todos os idiomas desta raça. *Vatán* provém de uma raiz sânscrita, que significa mar ou água. Em inglês diz-se: *water*, em alemão: *wasser*. No *Vatán* se escreve de baixo para cima, porém as palavras desta língua oferecem também um sentido, se lidas em ordem contrária, e ainda que lidas da esquerda para a direita, têm sentido. As letras do *Vatán* assumem formas geométricas; derivam do ponto, da linha, do círculo, do triângulo e do quadrado. As letras do *Vatán* são o protótipo das letras sânscritas e do alfabeto astral; é o dizer dos signos zodiacais e planetários.

Dividindo-se o círculo exterior do planisfério em 12 segmentos correspondentes aos 12 signos zodiacais, cada um leva uma letra com seu número: são letras que involuem. "Inscrita neste círculo, acha-se a coroa planetária da palavra, com suas respectivas letras e números: são letras evolutivas."

⁂
⁂ ⁂

"Cada letra do alfabeto é, sobre o papel, a representação de um astro ou de um ponto do céu. Ao correr o espaço celeste, os astros escrevem palavras; ao combinar-se sobre o papel, as letras formulam temas astrais. 'O céu fala.' Segundo os hebraístas, o alfabeto se compõe das três letras-mães: A, M, SH; doze letras simples e sete letras duplas."

172. O Aprendiz praticou a vocalização das letras:

A, B, G, D, Hé.

O companheiro praticou as letras: O, U, Z, Heth, I, K, L, M. O Mestre deve praticar a vocalização das seguintes letras:

N, S, Ain, F.
N (14)

O N simboliza o filho; é em geral qualquer ser criado ou refletido. É o signo da existência individual, é o princípio divino, que une o antagonismo de dois polos em um.
Mas, N é a ideia e o verbo, interpretados em seu signo.
Relaciona-se com o signo zodiacal Libra, com a cor limão-claro, e com a nota musical sol bemol. Contém o princípio da afinidade dos opostos, o que tempera e o abranda.
No plano espiritual representa a atividade eterna da vida, a afinidade das coisas opostas; é o sacerdócio, em que se vincula a vida interna e externa de cada indivíduo.

No plano mental representa a solidariedade das emoções, a associação das ideias, a reciprocidade nos afetos e nas virtudes.

No plano físico equilibra a relação dos sexos e equilibra a força vital, a castidade, e tempera as emoções e paixões. Promete e gera boas amizades, afetos recíprocos, amores fiéis e alegria.

Significa:

1. Combinação de dois polos: positivos e negativos. A introdução do espírito na matéria: a involução.
2. Reflete a justiça do mundo material: a temperança.
3. Encarnação da vida: a vida individual e corporal.

A vocalização consciente da letra prepara a pessoa para um porvir melhor, fazendo-a conhecer e sentir seus efeitos. Esta invocação com o N afasta os contratempos e suaviza o castigo do erro.

O N representa o poder do matrimônio, que forma as correntes divinas pelo ajuntamento dos dois polos, e simboliza O amor universal divino.

A prática da vocalização do N abre em nosso interior uma porta, que nos comunica com nosso remoto passado, e podemos ver as vidas passadas.

Exercício:

De pé, o corpo em forma de N, a mão direita afastada do corpo, indicando a terra, e a esquerda, levantada, indicando o céu.

Aspirar lentamente pelo nariz e reter o alento tanto quanto possível, e ao soltar o alento retido, clamar ou cantar:

Ennnnn.

Logo após:

Innnnn.
Aaaannnnnnnnnnnnnnnn.
Oooonnnnnnnnnnnnnnn.
Uuuunnnnnnnnnnnnnn.

O N introduz as vibrações das vogais no nosso interior e abre as portas ou os selos cerrados.

Em magia, a temperança é a virtude que deve transmutar e destruir os obstáculos, para seguir até a meta. Esta virtude tem um poder sobre o corpo sideral ou astral, que é a alma intermediária entre o espírito e o físico. A alma ou este corpo, enquanto o físico dorme, permanece desperta, transporta os pensamentos e materializa-se neles em qualquer lugar em que obre a imantação universal.

Segundo os pensamentos, o corpo sideral toma sua forma para modificar, à vontade, o corpo físico. Por tal motivo, vemos seres que se assemelham a certos animais.

A alma se afasta, distendendo, sem romper, o fio simpático, que a liga ao coração e ao cérebro. Desta maneira, o mago é visto em dois lugares ao mesmo tempo.

S. (15)

173. Simboliza o princípio da luz astral em circulação, a vontade individual, o atrativo irresistível que exerce o mistério.

É a serpente das revoluções cíclicas. Está associado ao signo zodiacal Escorpião, à cor rosada, à nota LA bemol, à ciência das cores e à função humana da reprodução. Representa o destino, o fogo criador, a paixão que nos faz imortais.

Representa o princípio da geração, mistério que ensina que as substâncias e as virtudes têm a propriedade de fundir-se, umas em outras, e criar conjuntamente o que cada uma delas não contêm por si.

No plano espiritual gera a vontade individual e o princípio que nos induz a descobrir os mistérios desconhecidos.

No plano mental produz a força do desejo, a cadeia das paixões, a chama que queima e abrasa tudo o que há de excesso dentro de nós.

No plano físico atende aos processos de geração e provoca desejos intensos, ânsias insatisfeitas. Dá ânimo e gera o fogo.

Promete a prosperidade e afetos intensos.
Significa:

1. O destino criado pelo próprio homem.
2. Elevação ou queda, segundo o poder da vontade.
3. O fluido astral ou o terror do umbral, que impede a entrada do Éden.

Exercício:

A posição do corpo deve formar uma imitação de "S", estendendo as mãos unidas na frente da cabeça e uma ligeira genuflexão dos joelhos para adiante, podendo apoiá-los sobre cadeira ou outro objeto. Fazer o exercício respiratório indicado, e ao exalar o ar, vocalizar:

IIIISSSSS AAAA RRRR.

É um chamado à energia criadora na cabeça.

IIIIIIISSSSS III.

É a descida da energia pela espinha dorsal, até o sacro, e sua repartição no organismo.
Finalmente, vocalizar:

IIIII SSSSSSSS AAAA.

É a elevação da energia ao cérebro.
Em magia, toda vontade real se confirma por atos; porém, os fatos devem ser análogos à vontade. O feitiço voluntário é um dos mais terríveis perigos da vida humana. A simpatia pessoal submete o mais ardente desejo à mais forte vontade. O mais forte absorve o mais débil; certos seres absorvem a inteligência de outros, e sempre, num círculo, um homem se apodera da vontade dos demais.

A luz astral é o receptáculo desse poder. Evocada pela

razão, reproduz-se com harmonia. O poder adquirido deve ser devolvido em bem dos demais. O mago deve excluir de seu reino o arbitrário. Uma vontade autocrata é desprezada sempre pela Divina Sabedoria.

AIN (16)

174. Esta letra não tem seu correspondente em português, e os latinos a pronunciam segundo a vogal que lhe segue.

Ainda que não se possa usá-la, daremos alguns conceitos sobre seus símbolos:

Indica o princípio da divina providência; é o olho, como seu nome indica, que serenamente vigia. Está associada ao signo zodiacal Sagitário, à cor púrpura viva, à nota musical SI bemol, à radiação cósmica.

Representa a providência que, como lei, corrige, com a dor a soberba do homem.

No plano espiritual representa o despertar do entendimento pela virtude da aflição com que a fatalidade o comove, bem como a lei de causa e efeito.

No plano mental representa a nulidade dos valores materiais, a pobreza do intelecto, que conduz a soberba que humilha.

No plano físico é o rigor, a severidade e a aflição, como aguilhão que nos desperta a verdade.

Significa: 1. Deus na matéria. 2. A queda de Adão, reflexo da morte. 3. A materialização do universo princípio: o mundo visível.

Deve-se pronunciá-la como o "A" gutural, mais profundamente.

"Em magia, é o esforço e o trabalho para o bem-estar dos demais, sem pensar em si mesmo; desembaraça o homem da matéria para revesti-lo da imortalidade."

PH F (17)

175. O F simboliza o verbo em ação. É o alento divino, que soprou em nossas narinas a alma vivente. É a imortalidade, é o poder de abrir o que está velado, o "Efetah" de Jesus. Seu signo é Gêmeos; seu planeta Mercúrio; sua nota musical é o Dó sustenido; sua cor, amarelo-vivo; está associado à alquimia cósmica e o sentido da vida.

É a divina fé, fonte de esperança, que nos sustém quando perdemos os bens e nos sentimos desamparados.

A fé rejuvenesce, com seu fogo, a substância das virtudes. Hieroglificamente, o F expressa a boca em ação de emanar o verbo ou a palavra, é a ação do verbo na natureza. No plano espiritual representa e gera a abnegação, filha da fé, mãe da esperança.

No plano mental outorga a iluminação pela experiência. No plano físico gera o otimismo, a genialidade, a caridade, e tudo o que fortalece o ânimo.

Promete intuição, sustentação, compensações, iluminação e êxitos morais.

Significa:

1. Todo o eterno em Deus; imortalidade.
2. Todo erro é reparável; esperança.
3. O universo visível contém a força interna invisível.

O F é a letra da insuflação, que é uma das mais importantes práticas da medicina oculta, porque é um signo perfeito da transmissão da vida.

Respirar quer dizer: soprar sobre alguém ou sobre alguma coisa. O sopro quente da letra Hé é atrativo, porém, combinado com o F, à distância, é repulsivo. O sopro quente, com o F, corresponde à eletricidade positiva, e o frio, à negativa.

A insuflação quente e prolongada restabelece a circulação do sangue, cura dores reumáticas e gotosas, restabelece o equilíbrio dos humores e dissipa o cansaço.

O sopro frio afugenta o leão e o tigre. A letra F, com a insuflação fria, aplaca as dores originais por congestões.

Exercício:

O corpo erguido, com as mãos formar a letra F, quer dizer: levantar a mão esquerda ao nível da cabeça e, a direita, ao nível do ombro. Aspirar, reter e vocalizar: FA FE FI FO FU.

Em magia, é a esperança que produz uma delicada e agradável fruta, que é a Fé, na vida eterna.

Porém, o homem cheio de paixões e erros não pode ter esperança, nem fé, e por tal motivo não pode estudar os mistérios da vida.

8. O que deve praticar o mestre

176. O objetivo do mestre é o super-homem: mestre e o ser que chegou a ter contato com seu Íntimo; é o ser que se converteu em sua própria religião, quando viu o fracasso das religiões.

Assim como o universo visível é o reflexo do invisível, o super-homem é o reflexo visível de uma divindade invisível. Sua mente é una com a mente cósmica, que guia e dirige todas as coisas.

177. Ele emprega à consciência cósmica, que mora dentro de si, para o bem universal, sem pensar em si mesmo, e desta maneira se converte em super-homem.

178. Na consciência cósmica, no reino interno do Homem, se acha toda a lei da verdade. O mago é aquele que sabe ler essa lei, e obedecê-la.

179. O corpo físico é uma história universal, completa e perfeita, que representa o desenvolvimento e evolução gradual do homem. Este deve aprender a ler, na história escrita em seu próprio corpo, e assim conhecerá a si mesmo. O objetivo destes ensinamentos é ensinar a leitura no livro (corpo) do *Apocalipse*, que está selado.

180. O conhecimento de si mesmo conduz, forçosamente, o homem ao amor e o amor ao Reino Interno.

181. Nosso corpo é um centro de estudo, que contém ensinamentos primários, secundários, superiores e especializados. É necessário assistir às aulas com aspiração e pensamento atento, para aprender a sabedoria ensinada pelos mestres internos.

182. Aqueles que se dedicam a trabalhar pela obra evolutiva receberão as lições internas e externas. Eles se põem em tonalidade e em contato com os senhores dos elementos.

183. O amor aumenta nossa sensibilidade para a compreensão da verdade, e a verdade nos fará livres.

184. O homem de bons sentimentos aspira da atmosfera átomos-anjos afins ao seu sentir. Estas inteligências superiores nos acodem, atraídas, somente, pelo pensamento de amor no coração, e não pela concentração.

185. Os mestres da sabedoria, no mundo interno, manejam e ocupam os centros internos do homem. Cada mestre ensina um ramo da sabedoria, que está escrita na consciência dos átomos, que nos acompanham desde a formação do mundo.

186. O homem atual é o resultado de seus pensamentos. Para ingressar no colégio interno, tem que voltar a ser criança (neófito), e apresentar totalmente limpas as páginas finais de sua mente. Então os mestres de sabedoria escreverão nelas a história das vidas passadas e, assim, o discípulo lerá as vidas futuras.

187. Ninguém pode salvar-se a si mesmo, se não trabalha pela salvação dos demais.

188. Para salvar os demais, deve-se salvar, primeiro, seus próprios centros internos dos átomos egoístas, aspirados durante o pensamento e o sentir egoístas.

189. Foi-nos dada uma palavra misteriosa, que contém sete vogais correspondentes aos sete centros do corpo. Algum dia estas vogais, com seus devidos sons, serão reveladas aos discípulos, dentro do templo interno. Não é por egoísmo que se oculta a Palavra, e sim, porque a palavra perdida se assemelha a um relógio desarmado, que não se pode dar a uma criança para armá-lo.

190. Toda sabedoria brota do interior e cristaliza-se em nossas palavras, obras e movimentos.

191. Por que, ao ouvir um poema ou uma peça de música, sentimos o desejo de compor algo igual? É porque as obras-mestras nos comunicam as vibrações dos átomos mentais de seus criadores. Assim, também, a estada ou passagem de um super-homem por um lugar impregna, com suas próprias vibrações, as mentes de seus habitantes.

192. *Os átomos do homem são seus arquivos, e suas vibrações são a sua linguagem.*

193. Se o homem soubesse consultar seus mestres internos, não erraria em sua escolha, nem em sua vocação.

194. O alento é o melhor condutor até a divindade interna. Ao aspirar átomos superiores, ela nos comunica sua vontade, "a que será feita tanto no céu como na terra". Isto significa que podemos voltar a estudar em nossos centros internos, e sentir a vontade do Pai.

195. A aspiração concede beleza, saúde, iluminação e uma compreensão das leis universais. Também outorga o conhecimento do próprio futuro, na realização da obra.

196. O escravo de suas paixões é escravo de seus semelhantes. Só quem é livre de suas debilidades pode adquirir a energia cósmica. Esta energia, no ar aspirado, é uma oração ao EU SOU, para que nos revele nossa vocação e nos envie ao mestre especial do centro respectivo.

197. Pela aspiração, rasgamos o véu para revisar nossas vidas passadas e continuar a obra que foi interrompida.

198. Devemos atender a voz interna e praticar, conscientemente, sua inspiração, para aspirar os átomos conscientes do reino do Íntimo.

199. Exercício:

a) Sentado ou de pé, com o busto e a cabeça erguidos:
b) Aspirar lentamente pelo nariz, o ar ou o alento da vida e, por meio dele, os átomos afins ao mundo interno do Íntimo;
c) Reter o grande alento da vida nos pulmões o mais que possa (sem nenhum abuso);
d) Expelir lentamente e sentir que a energia banha ou percorre o corpo por meio dos átomos que trabalham no sistema nervoso.

200. "A repetição de um ato forma o caráter, e o caráter é o homem".

201. Cada órgão de nosso corpo assemelha-se a um estado dentro de uma república e tem suas leis distintas e diversas; cada órgão tem sua própria consciência, porém obedece à superconsciência do mundo interno. *Com o pensamento e a aspiração podemos avivar os órgãos, e curá-los em caso de enfermidade.*

202. Quando aspiramos o grande alento, rasga-se o véu e encontramo-nos ante o EU SOU ou a Suprema Presença. O grande alento elimina o limite que nos separa do mundo Interno.

203. Nosso sistema nervoso central pertence ao mundo físico; porém, desse sistema sai outro, chamado o sistema simpático, que pertence ao mundo psíquico; por seu meio podemos comunicar-nos com esse mundo.

204. Nossa aspiração do grande alento, por meio do sistema nervoso, conduz-nos ao sistema simpático, mas pode nos pôr em comunicação com os nossos centros internos, fontes do saber, poder e energia.

205. Nós que estudamos a grande lei, devemos comprová-la com fatos irrefutáveis. O mundo atual necessita de provas científicas, e nós a todos as temos demonstrado, menos aos cientistas, que querem medir e pesar o Absoluto com balanças e aparelhos fabricados por suas mentes.

206. Existem muitos que perguntam: "Que faremos para ajudar a humanidade?".
Eis a resposta: Ser bom. Porque o homem bom é uma bênção sobre a humanidade. Com sua presença, carrega o ambiente com suas próprias vibrações bondosas; com seus átomos de luz, impregna as mentes sensíveis e inspira a seguir a realização da Grande Obra. A bondade,

o amor e o saber se manifestam no mundo objetivo pelo sistema nervoso.

207. Só por meio do sistema simpático nos pomos em contato com o mundo interno, e com o sistema nervoso central o manifestamos no externo.

208. Com a inalação do grande alento, podemos abrir a porta que comunica o sistema nervoso cerebroespinhal com o simpático. Esta porta é a porta do Éden, defendida pelo anjo da espada flamígera.

209. "Batei e abrir-se-vos-á", foi dito.
Com a aspiração, o homem "bate" naquela porta, e o anjo da espada flamígera abre-a para conduzi-lo a um centro dentro de seu coração, onde se lhe dará segundo sua petição e achará o que havia buscado.

210. Este é o significado da alegoria do *Gênesis*, que diz que o homem foi arrojado fora do Éden (de seu reino interno), onde ficou proibida sua entrada. O anjo da espada de fogo aniquila todo átomo denso, que trata de entrar por esta porta. Com a aspiração e o amor, podemos atrair ao corpo físico vibrações do mundo interno, que nos sutilizam para podermos voltar ao Éden e morar nele.

211. O primeiro mestre de sabedoria, a quem devemos ir para aprender e praticar seus ensinamentos, é o átomo *nous*. Ele é o Grande Arquiteto do nosso Universo.

Este mestre arquiteto reside no ventrículo esquerdo do coração. É o construtor do corpo *físico*. *Seu material de construção são os átomos aspirados por nós desde o momento de nascer.*

212. Com nossa aspiração pura, damos materiais puros ao Grande Arquiteto de nosso universo e pomo-nos em contato com ele.

213. O objeto da aspiração do grande alento é purificar o sangue, veículo do EU SOU, porque *nous* não pode habitar senão no sangue mais puro do coração.

214. *Nous* fabrica seu universo por meio do sangue.

215. *Nous* é o Arquiteto. O homem interessado em servi-lo necessita de grandes aspirações, cheias de energia, para reanimar os átomos construtores, debilitados pela vida errada e inarmônica.

216. A ciência ignora, todavia, muitas funções, dos órgãos do corpo físico. O fígado, por exemplo, é o laboratório de átomos construtores da vida corporal, enquanto que os pulmões são provedores e construtores psíquicos. O fígado é centro da imaginação.

217. Para ter uma imaginação sã, em corpo são, temos que vitalizar os centros que se acham na área do fígado, com este exercício: inalar, profundamente, pelo nariz; reter o alento, palpar a zona do fígado, enviando-lhe pensamentos de energia, e por último, dirigir aos átomos algumas frases ou palavras de agradecimento.

218. Só o homem correto e justo pode obter a ajuda destes átomos trabalhadores, por meio da aspiração pura.

219. Os pensamentos de ódio aniquilam a força dos bons átomos trabalhadores, e originam a enfermidade no corpo psíquico, para logo refletir-se no corpo físico.

220. O Arquiteto de nosso universo nos pede sempre material puro e adequado à nossa evolução. Cada ser é o forjador de seu próprio destino, tem a faculdade de eleger o caminho na vida, e ninguém interveio ou intervirá em seu destino.

221. O ser que rasga o véu e observa seu mundo interior, pode compreender o sofrimento de seus anjos internos, que lutam para conservar a harmonia do corpo com o infinito.

222. Algum dia, quando os homens desenvolverem todos os seus centros angélicos, toda a humanidade será uma só família, sem fronteiras nem limitações.

223. O corpo tem átomos bons e maus, robustos e débeis.
A inspiração pura elimina os maus e fortifica os dé-

beis, para converter-nos em seres sãos e robustos. Sem saúde, não podemos dar nem um passo para o interior; tampouco nossos anjos-guias nos ajudam na tarefa.

224. O sangue é o condutor da energia. Um sangue puro é um veículo perfeito do EU SOU. A aspiração retida atua sobre centros nervosos, que se comunicam com os diferentes centros do corpo. Os pensamentos bons revelam os superiores; os malignos, os inferiores.

225. "No coração existe uma pequena válvula, que se abre ou fecha segundo a vontade do Íntimo, que não permite passar átomos do sangue, impregnados pela malignidade do pensamento sujo."

226. O cérebro alimenta-se com a energia que passa pelos pulmões, impregnada com os pensamentos durante a aspiração.

227. Em nosso mundo interno temos que enfrentar muitos seres, bons e maus, como sucede no mundo externo.

228. Em nosso plexo sacro existe uma força latente, que pode ser despertada pela energia aspirada. Esta força, dirigida para cima, através da coluna vertebral, abre os centros ou selos apocalípticos, que são verdadeiros arquivos de nosso universo, e então podemos alcançar a consciência da verdade. Com isto aprendemos a sair de nossos corpos para obter conhecimentos secretos e ocultos.

229. Para despertar a força deste centro, pode-se praticar o exercício descrito no parágrafo 207, porém, ao expelir o ar, sentir que a energia ascende pela medula espinhal, até o final.

230. Temos dito que do homem bondoso, o guia, emana suas vibrações e átomos no mundo, os quais são captados pelos homens. Em nosso sistema nervoso obram as vibrações do mestre de sabedoria. Estas vibrações nos iluminam, intuitivamente, e despertam em nós certas recordações do passado, que nos conduzem ao autojuízo ou a julgar nossas más obras. Com isto, sobrevirá a sentença da separação do joio do trigo, e o arrojar aos átomos rebeldes à região inferior de nosso corpo, chamada inferno, para que sejam queimados.

231. O super-homem, ou mestre, emprega o pensamento como meio para introduzir a reforma na mente humana.

232. Todo super-homem ou reformador deve ter tido um poder sexual forte, dirigido para a criação de grandes reformas, mercê do emprego da imaginação, cujo centro é o fígado.

233. A aspiração distribui a energia cósmica a todos os centros internos, e converte-os em luminosos, emitindo certos raios que são visíveis ao olho físico, em certas condições.

234. A energia que aspiramos é repartida para todos os estados do reino do corpo, e o governante de cada estado reparte o que recebe desta energia com os átomos dos tecidos cansados, destruindo o nocivo.

235. O homem tem que estar alerta para receber a ordem do Arquiteto de seu universo, do princípio do bem, que é o átomo *nous*; e, quando começa a escutar essa voz silente, poderá remediar os males do passado, corrigir os erros, e ser recebido no primeiro grau do colégio da sabedoria.

236. Existem no homem dois princípios: o bem e o mal. O princípio do bem é o arquiteto, o construtor, o átomo *nous*, que reside no coração. O princípio do mal ou inarmonia, o destrutor, é o átomo do inimigo secreto, chamado demônio pelas religiões, e reside no sacro.

237. Ambos os poderes possuem, debaixo de suas ordens, legiões de átomos ou entidades. As de *nous* são construtivas, harmônicas, executoras da lei; enquanto que as do inimigo secreto são destruidoras, inarmônicas, desobedientes e "rebeldes contra o Senhor", e impedem o desenvolvimento espiritual do homem.

238. O inimigo interno é o rei de nosso mundo físico, enquanto que *nous* é o rei de nosso mundo psíquico.

239. O inimigo secreto aprisiona nossa mente neste mundo, e impede-nos de elevar-nos, com o pensamento, a algo sublime, durante a aspiração.

240. Tanto este rei do inferior (inferno), como as suas legiões, foram criados por nossos erros, durante épocas passadas, e têm poderio sobre nós. Nossos pensamentos estão trabalhando, sempre, influenciados por eles, e facilmente podemos ir pelo "caminho da perdição", como dizia o Nazareno, enquanto que o caminho do céu interno é estreito, e nele devemos penetrar "pela força".

241. O céu e o inferno se acham dentro do homem. O reino do céu se encontra nas elevadas esferas de nosso ser, e o inferno, nas inferiores.

242. O super-homem é o ser que pôde livrar-se da atração do céu e do inferno; para ele não já existem bem nem mal, e sim, a lei.

243. Ser a lei é desprender-se da nossa criação chamada "O terror do umbral". Este fantasma, criado por nossas ações durante as idades, é o guardião do portal. Se não o desintegrarmos pela aspiração até a superação, não permitirá o nosso adiantamento. O único ser que pode dominar o "terror do umbral" é aquele que perdeu o medo. O terror do umbral é o Eu inferior, que reúne todas as más obras e pensamentos de nossas vidas anteriores. Está colocado num centro, próximo do umbigo, chamado no *Apocalipse*, "Selo de Satanás".

244. O oposto e contendor do morador do umbral é o átomo chamado "anjo defensor". Está composto pelo bem e os elevados pensamentos e chama-se Eu superior; reside na base do cerebelo e tem como sua vanguarda atômica o Anjo da Espada.

245. A maioria dos conhecimentos da ciência atual está guiada pelo átomo inimigo, porque ela só trata de manejar a densidade da matéria, e não se ocupa das forças sutis da natureza. A mente dos sábios atuais capta, com mais facilidade, a sabedoria do inimigo secreto, que os utiliza para obtenção dos seus fins.

246. Com a aspiração dos átomos positivos e solares, pode-se purificar a atmosfera mental.
De manhã, ao sair do sol, praticar, o seguinte exercício:*

a) De pé, com o corpo erguido.
b) Aspirar pela narina direita, tapando com o dedo a esquerda.
c) Reter o alento o maior tempo possível.
d) Expelir pela narina esquerda, tapando a direita, pensando que a energia solar invade todo o corpo.

---

* Segundo autores abalizados, como Patanjali e H. P. Blavatsky, os exercícios alternados e rítmicas de espiração só devem ser praticados sob a direção de competentes e idôneos instrutores, sem o que o praticante correrá graves riscos em sua saúde física, moral e psíquica. (N. do R.)

247. Os seres negativos, odiosos, ambiciosos, preferem a vida em atmosferas densas, congestionadas por átomos mentais sujos. Não podem aguentar o sol da manhã, nem do campo. O aspirante à superação tem que se acercar mais da natureza.

248. O ser superior tem emanações e aura distintas das dos outros, perdendo mesmo a afinidade até com os seres que lhe são mais próximos, porque seu ser se torna diferente no pensar e sentir.

249. O mundo atual se divide em dois grupos: O primeiro está guiado por *nous*, e o segundo, pelo inimigo interno. Os seguidores de ambos lutam uns com os outros, ainda que, aparentemente, o inimigo secreto tenha maior poder e mais seguidores; entretanto, cedo ou tarde triunfará o princípio do bem, porque é a lei. Até os artistas não estão livres da influência deste inimigo e, por tal motivo, profanam a beleza com seus pensamentos e suas obras.

250. Não julgueis para não serdes julgados. O juízo e a crítica acerba de mentes tenebrosas perturbam a atmosfera mental.

251. Os seres pessimistas e desditosos enfermam os demais seres, destruindo e esgotando suas energias. Convertem-se em fardos pesados nos ombros da humanidade. O aspirante deve atrair por meio da aspiração e do pensamento positivo, átomos protetores e saudáveis, para defender-se destes seres malignos inconscientes.

252. A cólera, a depressão e a inveja são os três condutores mais formidáveis das enfermidades, seguindo logo a má alimentação e a má aspiração. Devemos ser felizes, para ser sãos.

253. O átomo *nous* não promete bens terrenos: só outorga a sabedoria, com a confiança em si mesmo. O inimigo secreto pode dar até bens materiais, a quem se associa a ele.

254. O princípio do bem salva da guerra os seus seguidores, porque eles não foram os causadores da hecatombe. No momento, nenhuma nação pode assegurar a paz do mundo, porque os dirigentes estão dominados pelo exército do inimigo interno.

255. Existem certos centros no corpo do homem, por meio dos quais se pode contemplar o mundo e a luta das forças da luz com as tenebrosas.

256. Onde existem açambarcadores, domina o inimigo secreto. Onde há monopolização, existe a força destrutora.

257. Enquanto o homem não aprende a pensar por si mesmo, não pode libertar-se de si mesmo, e será arrastado a eleger o governante designado pela força tenebrosa. Hoje, o cidadão vota pelo candidato que pode satisfazer o seu próprio desejo, sem pensar no destino da nação. O inimigo oculto obscurece a inteligência, para converter o homem em autômato, guiado pelo capricho do governante.

258. O corpo de desejo atrai os átomos afins aos desejos sentidos, que se apoderam da mente e do caráter. O plano inferior do mundo dos desejos, ou astral, está cheio de cadáveres astrais inferiores, sem nenhuma inteligência. São como vampiros que vivem da matéria putrefata.

Os átomos que integram estes corpos são destrutivos e estimulantes da ferocidade, e os herdamos da Lemúria, época em que nos divertíamos em fazer lutar os animais, uns com os outros, e comendo-os depois.

259. A pureza do sexo e a sua acumulada energia enobrecem o caráter, melhoram a saúde e iluminam a mente, para seguir com ênfase a senda do aperfeiçoamento. O homem puro em seu sexo tem mentalidade equilibrada, que dificilmente sucumbe ante uma tentação indigna.

260. "Muitos chegam ao poder e à fama debaixo da direção do átomo inimigo por meio da magia sexual, a qual forma parte importante em seus ensinamentos."

261. O Eu superior, que está em presença do EU SOU, intercede e obtém o perdão dos pecados daqueles fiéis seguidores da luz, que entram no sistema simpático. Este é o segundo nascimento.

262. A melhor oração que nos foi dada através dos séculos é a oração dominical (Pai Nosso). Bem meditada, serve de ponte entre o ser e o EU SOU.

O Pai Nosso tem sete chaves para abrir os sete centros do corpo, que conduzem o aspirante à presença do Íntimo.

263. O aspirante deve correr durante seu exercício diário, todos seus centros de cima para baixo, aplicando, para cada centro, uma petição do Pai Nosso. A petição deve ser de filho ao pai, e não de escravo a senhor. O reino do céu interno obtém-se, não se outorga.

264. O primeiro desenvolvimento do aspirante se manifesta no plexo sacro; a intuição é o mensageiro do EU SOU.

265. Devemos compreender que o Eu superior, por meio do qual formulamos nossas petições ao Íntimo, até chegarmos a sentir que somos unos com Ele, tem seu assento em um átomo na base do cerebelo. Seu reino está no fígado, centro da imaginação e da emoção. O Eu superior está sempre em presença do EU SOU.

266. O próprio Jesus declarou esta verdade, no Sermão da Montanha. Depois de ensinar a oração, disse:
"Porque, se perdoardes aos homens seus pecados, o Pai Celestial vos perdoará os vossos". Jesus não disse Deus, porque sabia que Deus é sempre amor e perdão.

267. Para aqueles que não leram nossa obra *As chaves do reino Interno ou O conhecimento de si mesmo*, transcrevemos estes parágrafos: "O Íntimo, o EU SOU, o Absoluto, tem na cabeça três pontos, cada um dos quais é a base de um dos aspectos da trindade". "O primeiro aspecto é o Pai, que domina exclusivamente a cabeça; o segundo — o Filho — rege o coração, enquanto que o terceiro — o Espírito Santo — domina o sexo."

"A realidade é uma; não há mais que um só Íntimo, porém, visto do mundo físico, reflete-se em três aspectos."

268. O aspirante deve evocar sempre Miguel ou o Eu superior, em seus exercícios de aspiração, o qual intercederá por ele ante o EU SOU.

269. Muitos falam sobre a união com o Íntimo, como se estivessem separados dele, ou como se pudessem ter existência, estando separados dele. A união com o Íntimo significa a identificação com o Pai, para realizar, conscientemente, o impulso divino do EU SOU.

270. Quando o coração se converte em órgão completamente dócil ao EU SOU, e em veículo voluntário dele, a circulação do sangue ficará debaixo do domínio da mesma divindade que impedirá, à vontade, a entrada dos átomos egoístas e o resultado é que estes átomos irão se distanciando do homem pouco a pouco.

Com o tempo, o EU SOU aumentará no sangue os átomos altruístas, aspirados e inalados e com eles dará vigor ao sangue, seu veículo, e desta maneira dominará perfeitamente o coração, com seu amor divino. Então a natureza passional será conquistada, a mente liberada dos desejos, o homem se converterá em lei e será UNO COM O PAI.

271. O Pai envia seu poder para dar vigor ao pensamento no coração; enquanto que o átomo inimigo interno envia-nos a dúvida. Então se trava a luta no plexo solar, na região do umbigo, onde surge a fortaleza do homem. Neste centro, trava-se uma luta tremenda entre a dúvida e a certeza, entre o temor e o valor, entre o negativo e o positivo. Se o bem triunfa sobre o mal, diz-se que o arcanjo Miguel derrotou Satanás, e o lançou nas profundezas do inferno de nosso corpo, porém, se o mal prevalece, arrasta-nos para esse inferno.

272. O abuso sexual, a libertinagem, debilita o plexo solar. Pode-se fortalecer este plexo com o exercício respiratório, descrito no item 199, porém, ao expelir o ar, temos que dirigir toda a concentração, cheia da energia solar, ao dito plexo.

9. A linguagem maçônica

273. A Maçonaria tem uma linguagem para expressar suas ideias, que se chama "o simbolismo". Cada símbolo tem sete significados.
O maçom deve procurar conhecer e compreender perfeitamente o idioma simbólico.
Os símbolos maçônicos são ricos em ensinamentos de elevadas significações intelectuais, filosóficas, científicas, morais, espirituais e práticas.
Todos os maçons devem trabalhar para descobrir as ideias que representam os símbolos, porque nestas ideias se encontra a verdade, e a verdade nos fará livres.

274. Cada grau tem sua instrução simbólica especial, porém, sua base é uma só, e radica-se no grau de aprendiz.
A Maçonaria é um fato da natureza, que se repete diariamente em todos os seres conscientes e inconscientes, para o seu aperfeiçoamento físico, intelectual, moral e espiritual.
O trabalho do aprendiz consiste em desbastar a pedra bruta, isto é, em dominar suas paixões, eliminar

suas imperfeições e seus vícios, aperfeiçoar seu espírito, retirando com a razão (cinzel) e com a vontade firme (malho) todas as asperezas que possam originar perturbações na sociedade ou na instituição. Por tal motivo, o aprendiz acode à luz que iluminou sua inteligência na iniciação.

O maçom atua sempre com equidade e franqueza (sinais), com linguagem leal e sincera (palavras), com obras e fraternal solicitude (toques) para com seus irmãos.

Loja justa e perfeita é a que conta sempre com sete irmãos, dos quais cinco devem ser mestres, representando as cinco luzes: o venerável, os dois vigilantes, o orador e o secretário. Representam os cinco sentidos dentro do corpo.

Essas três luzes são: a sabedoria (do Ven∴, simbolizada pela estátua de Minerva); A força (do 1º Vig∴, pela estátua de Hércules que está no Ocidente); a beleza (representada pelo 2º Vig∴ e a seu lado a estátua de Vênus Citérea). Em suma, essas três luzes são, a trindade divina no cosmo e no homem: Pai, Mãe, Filho; fé, esperança, caridade; poder, saber, movimento etc.

275. AS HORAS DO TRABALHO MAÇÔNICO (meio-dia; meia-noite) significam que o homem deve chegar à mais alta iluminação para poder trabalhar para o bem da humanidade. Meio-dia é a hora luminosa do Sol. Com este pequeno resumo e com as instruções dadas no 1º grau e no 2º, já podemos levantar a ponta do véu para o mestre maçom, com o objetivo de praticar e ensinar em Loja, aos irmãos, a prática da filosofia dos graus.

276. A Maçonaria é uma escola iniciática, uma academia de aprendizagem tradicional e universal, que aspira ao magistério da verdade e ao exercício da virtude, começando o iniciado por estudar-se a si mesmo. Então começa o verdadeiro trabalho na pedra bruta, e a renovação de seu próprio "Eu", que é do grau de aprendiz.

A Maçonaria é a ciência positiva que determina o critério da verdade e forma novos homens de espírito elevado, de convicções firmes, consciência reta e moral sem mancha...

Como se chega a esta superação?

No capítulo seguinte levantaremos uma ponta do véu de Ísis.

10. Realização

277. Querido irmão mestre.

Depois de passar pelos três graus já enumerados e de sofrer suas respectivas provas, chegamos a compreender, a saber e a sentir que:

O maçom é filho da luz ou o construtor livre.

Que a Maçonaria é um fato da natureza, que se repete diariamente em cada ser.

Que o símbolo é uma linguagem que fala e excita a imaginação.

Que o objetivo da Maçonaria é espiritualizar os sentimentos e divinizar o homem.

Que o G∴ A∴ D∴ U∴ é Deus.

Que o Templo é o corpo do homem ("Sois o Templo do espírito").

Que a Loja é o microcosmo — pequeno universo (o homem).

Que todos os símbolos e decorações da Loja se encontram no corpo.

Que o homem é composto por sete mundos, e a Loja perfeita deve ter sete membros...

Que o Mestre é o Eu superior.

Que os vigilantes são dois: um à direita outro à esquerda: positivo e negativo; DEUS PAI-MÃE; mente objetiva e subjetiva; consciente e subconsciente etc.

Que os três lados do triângulo representam fé, esperança e caridade, ou, sabedoria, força e beleza, ou uma infinidade de significados que estão dentro do corpo do homem.

Que o altar é o coração do homem.

Que o orador é o poder do verbo que radica na garganta.

Que o secretário é a memória que tudo arquiva.

Que a Coluna "J" é Deus em forma masculina, e a "B" é Deus em forma feminina.

Que os doze signos zodiacais são as doze faculdades do espírito no homem, que pertencem às doze glândulas do corpo, e, são as que compõem a Loja interna: fé, esperança, amor, fortaleza, acerto, poder, imaginação, sabedoria, vontade, ordem, zelo e vida. Assim também, os doze instrumentos do construtor livre, correspondem a estas faculdades, e são: o malhete, o cinzel, a régua, o compasso, a alavanca, o esquadro, o prumo, o nível, a trolha, a espada, a prancha e a corda.

278. Como se vê, temos uma infinidade de ensinamentos. Mas o que ganhamos com todos esses tesouros, se os deixamos sepultados?! De que maneira devemos aproveitá-los? É certo que o cristão deve orar somente em sua igreja, o maometano em sua mesquita, e o maçom em sua Loja? As instruções que temos não nos sugerem nada de novo? E se o cristão não tem eventualmente sua igreja, se o maometano vive longe de sua mesquita, e o maçom fora de sua Loja, não deveriam tratar de elevar seus pensamentos à divindade onipresente em todo o universo e em cada átomo nele contido?

279. Cada homem é o templo do deus vivo, logo, cada homem deve adorar a Deus em espírito e verdade, dentro do Templo do Deus vivo. Este é o objetivo de todas as religiões e de todas as escolas iniciáticas.

Sendo a Maçonaria uma escola iniciática, o que primeiramente ensina a seus adeptos é o cumprimento das leis divinas, em espírito e verdade.

Se o homem é o microcosmo e se ele é o Templo do Deus vivo, então pode adorar a Deus em seu Templo interno ou em seu Íntimo, assim como pode fazê-lo em seu templo externo, ou Loja.

Jesus ensinou: "E quando orares, não fales muito como os gentios, pois, pensam que por muito falar serão ouvidos e atendidos. Tu, porém, quando orares, entra em teu aposento, e, fechada a porta, ora a teu Pai que vê em teu interior e te recompensará".

Encerrando o exposto com este divino ensinamento, nos dirigimos, agora, diretamente, a nosso irmão maçom para dizer-lhe o seguinte: Queres chegar a super-homem (homem superior)? Queres ser um mestre sábio, poderoso e criador? Pois deves seguir o mesmo caminho que já trilharam os nossos poderosos Irmãos mais adiantados.

Qual é este caminho???... Já vamos indicá-lo.

280. ESTA É A SENDA QUE LEVA AO MUNDO INTERNO DO ÍNTIMO:

Antes de tudo, deves entrar tranquilo em teu aposento, afastado de tudo o que possa perturbar tua concentração. Depois de sentar-te comodamente, relaxa tua tensão física e mental durante uns minutos; em seguida trata de penetrar com a imaginação em teu mundo interno pela porta que conduz ao coração. O corpo tem que estar ereto. Agora, ascende com a imaginação à cabeça. Já és o Eu superior, que deve unir-se ao "EU SOU Deus em ação neste corpo-templo", já és mestre.

Mas, para chegar a este estado, são necessários muitas sessões e muitos trabalhos. O reino de Deus tem que ser conquistado, dizem os livros sagrados.

Sentindo e compreendendo o que foi explicado, o mestre já pode entrar no mundo interno e trabalhar em Loja com seus obreiros.

RITUAL INTERNO SILENCIOSO

281. O mestre é o Eu superior, o sol, a superconsciência, a unidade, o saber, o espírito, o Pai, e outras mais dezenas de nomes e qualificativos. Para simplificar, chamemo-lo Eu superior.

O Eu superior trata de unir-se ao Deus em ação neste "corpo-templo"; de seu posto ordena a colaboração da mente, que representa o poder do pensamento (1º Vig∴ do Templo, o positivo etc.)... Em seguida solicita a ajuda da imaginação que embeleza o Templo (2º Vig∴ do Templo, o passivo etc.)... A estes, aderem a Memória (Secretário), a subconsciência (guarda do Templo), o experto (caráter formado pela repetição do ato — hábito) etc.

TRABALHO INTERNO OU SESSÃO

282. Recluso em seu mundo interno, o Eu superior pede, antes de tudo, a atenção da mente consciente (1º Vig∴) para verificar se tudo está em perfeito estado e se é maçom, isto é, construtor livre de vícios e pensamentos perturbadores.

Depois examina a imaginação (2º Vig∴), se pode visualizar e espiritualizar os pensamentos da mente objetiva.

Em seguida ordena a ambos os vigilantes do Templo interno para que ponham a coberto o Templo do "EU SOU DEUS", a fim de que nenhum pensamento, sentimento ou recordações possam entrar ali e perturbar.

Logo, por meio do exame da consciência verifica se todos os anseios e desejos, que estão dentro do Templo, são afins ao trabalho e ao cumprimento da lei eterna.

Quando está seguro de que as portas do aposento estão fechadas, começa a orar ao Pai, intimamente.

Neste estado o Eu superior começa a visitar todos os centros e faculdades do espírito, como o sol percorre (aparentemente) seus signos zodiacais. É o que se chama a "segunda vinda de Cristo".

Esta viagem se faz por meio da aspiração, inspiração e concentração, cujo objetivo é o de depurar, fortificar e regenerar sua dualidade, trindade, quaternário, quinário etc. como temos estudado em graus anteriores.

Este é o trabalho interno do mestre, que se efetua por meio da visualização, aspiração e concentração perfeitas, em todos os centros magnéticos, em seus átomos e em todas as glândulas endócrinas que expressam as faculdades do espírito...

E neste estado já pode chamar a atenção de todos os anjos atômicos e dizer:

"Ao G∴ A∴ D∴ U∴, EM SEU NOME, PELA FÉ, ESPERANÇA E AMOR, DECLARO ABERTOS OS TRABALHOS PARA O BEM DA HUMANIDADE E PARA A ILUMINAÇÃO DE TODOS OS SERES. A MIM, PELO SABER, PELO QUERER E PELO FAZER."

E assim pode repetir com Jesus: "EU E O PAI SOMOS UM".

"E vi a 'cidade santa, a nova Jerusalém (CORPO) que desceu do céu de Deus, adereçado como esposa ataviada para seu marido' (EU SOU) etc."

"E a cidade não tinha necessidade de sol... porque a glória de Deus a iluminou e o cordeiro é a sua lâmpada."

Bibliografia

Dicionário Maçônico

MAGISTER............................	*Manual del Maestro Masón*
DOURVIL, H.	*El Libro de Los Muertos*
ADOUM, Jorge.....................	*As Chaves do Reino Interno*
ADOUM, Jorge.....................	*Rasgando Velos*
ADOUM, Jorge.....................	*La Magia del Verbo*
M...	*Dioses Atômicos.*
BESANT, Annie...................	*O Poder do Pensamento*
IGLESIAS, J........................	*El Arcano de Los Números*
BLAVATSKY, H. P................	*Isis Sin Velo*
BLAVATSKY, H. P................	*La Doctrina Secreta*
Um Rosacruz......................	*A Maçonaria*
Cursos iniciáticos..............	*O Super-homem*
Cursos iniciáticos..............	*O.S.R.C.*
Cursos iniciáticos..............	*C.D.L.M.*
Cursos iniciáticos..............	*A Religião dos Sábios*
PAPUS.................................	*A.B.C. de L' Ocultisme*
LEVY, Eliphas.....................	*El Gran Arcano Develado*

Impresso por :

Graphium
gráfica e editora

Tel.:11 2769-9056